「手放す習慣」

The habit of letting go

二子玉川ファミリー皮ふ科
自由が丘ファミリー皮ふ科
溝の口駅前皮膚科
総院長
玉城有紀
Yuki Tamaki

CROSSMEDIA PUBLISHING

はじめに

「玉城先生って、すごく忙しいですよね？」
「3つもクリニックを経営していたら、どんなに時間があっても足りないんじゃないですか？」

これは、最近の私がよく聞かれる質問です。

この2つの質問、どちらも答えは「いいえ」です。普段どれだけ忙しいのかとよく聞かれるのですが、実はそうでもありません。

というより、私は書道［脚注1］やドッグダンスなどの趣味にはかなり本気で取り組んでいますし、休日は経営者のためのセミナーや開業医のコミュニティなどにも頻繁に参加して、学びの時間をたくさん取っています。かわいい白衣が着たいなぁとふと思い立ち、好きなパールやレースのついた白衣をプロデュースする会社をつくったことも。［脚注2］YouTubeやインスタグラムでは、スキンケアやニキビに悩む患者さんへのアドバイスなども行っています。

［脚注1］：書道はもう11年間通っております。先生がとてもかわいらしい方で、その先生にお会いするだけでもとても癒やされますが、日々の感性が磨かれ、美意識が高まり、心が豊かになる時間です。（https://www.sumire-salon.jp/）

何より、家族との時間も大切にして、一緒に過ごす時間をつくっています。

そのほかにも、アートメイクや保育士免許、リボン講師の資格を取ったり、トレーニングや開脚ストレッチ、ボイストレーニングに力を入れたり、いろいろなことに挑戦しています。

ちなみに、睡眠時間もばっちりとっています。

皮膚科専門医資格を取得後、２０１４年34歳（息子が１歳のとき）で神奈川県の溝の口に皮膚科クリニックを開院した後、２０１９年39歳で自由が丘に、２０２０年40歳で二子玉川に開業しました。３つのクリニックはすべて借金なしで、自己資金で賄っております。これが実現できたのは、私が何にお金を注ぎ、どこは絞るかを徹底しているからです。クリニック経営というと、とても儲かるようなイメージを持ってらっしゃる方が多いのですが、実際にはそんなことはありません（ここが苦しいところではありますが、堅実派な私にはぴったりなのかもしれません）。よく「皮膚科です」というと「美容なんでしょう？」と聞かれますが、いいえ、私のクリニックはすべて保険診療のクリニックです。

今はこの３つの皮膚科クリニックを経営しているのですが、忙しさに翻弄されて疲弊

［脚注2］：
オリジナル白衣レーベル「Grasty」
https://grasty.shop/

することも、ストレスを抱えてしまうこともありません。なぜなら、仕事もプライベートも充実させるための仕組みをしっかり考えて実践してきたからです。

たとえば、私がいつも気をつけているのはこんなポイントです。

●徹底的に効率を考えて「迷う時間」をなくす
●人に任せられるところは任せる
●マニュアルを徹底化して、誰でも悩まずに動ける仕組みを用意する
●自分の得意なことに集中する
●ゴールを決めたら、必ず期限を決める
●常識に縛られず、本当にそれをやらなければいけないのかを考える
●すべてを完璧にやろうとしない

複数のクリニックを経営する女性ドクターは少ないですし、いろいろなことをやっていると面白い人だと興味を持ってもらえるのか、他のドクターや多忙なビジネスパーソンなどに「どうやっているの？」と聞かれることも増えてきたので、今回、一冊の本にまとめてみることにしました。

それぞれの内容は本書で詳しく説明していますが、私の普段の生活でもっとも大切なポイントは**「手放す習慣をつける」**ということです。

多くの方がそうだと思いますが、仕事でも家庭でも責任が大きくなればなるほど、やらなければいけないことが増えていきます。

でも、責任のある立場にいる方こそ、自分がやることとやらなくてもいいことをきちんと考えるべきだと思うのです。

何から何まで自分でやっていたら毎日にゆとりがなくなり、ただ時間に追われる生活になってしまいます。それでは自分の人生を楽しめないどころか、成長することも、さらに上のステージを目指すこともできません。

そもそも自分が「やらなければいけない」と思っていることは、本当に今やらなくてはいけないことでしょうか？

周りの人がやっているからといって、自分もやらなければいけないのでしょうか？すべてを完璧に頑張ろうとしすぎていませんか？

仕事でもプライベートでも、やろうと思えば、いくらでもやることは出てきます。でも、少し視点を変えて考えてみれば、他の人に任せられることや省力化できること、本当はやらなくてもいいこともあるはずです。

なかには、むしろ「やらない方がいいこと」もあります。常識や既成概念にとらわれたままだと、あえて「やらない」という選択をするのは難しいかもしれません。でも、一度じっくり考えてみてください。


自分はこれからどんな人生を送りたいのか。

これから、どんなことをやりたいのか。

それは何のためにやるのか。

それらをしっかり考えると、自分が今、本当にやるべきことが見えてきます。


そして、本当にやるべきこと以外は思い切って手放してみると余力が生まれ、自分のやるべきことにしっかり集中できるようになるのです。

すると驚くことに、仕事もプライベートもうまく回り始めます。

そこにいるのは、本来の輝きを取り戻したあなた自身です。そんなあなたは、自分らしい人生を前向きに楽しめるようになっているはずです。

本書では、そのための方法やヒントをお伝えしたいと思います。

この本を手に取ってくださった方が、読まれた後に「自分らしい人生ってどんなものだろう」とか「自分の得意なことは何だろう」と考え始めてくださったら、これほど嬉しいことはありません。

そしてぜひ一歩を踏み出して、あなた自身が輝く場所を見つけていただきたいと思います。

本書が、あなたの人生を幸せに生きるための一助になることを願っています。

第1章 本当に必要なのは「少しの力」

第2章 迷う時間をなくす時間管理術

第3章 私が手放した意外なこと

Ⅰ 仕事編

Ⅱ プライベート編

第4章 人間関係の断捨離術

第5章 手放すことで、前向きな自分を手に入れる

ブックデザイン：金澤浩二　編集協力：真田晴美

第1章

本当に必要なのは「少しの力」

私がけっして「忙しい」と思わない理由

私は3院の経営を行っていますが、「はじめに」にも書いたように、趣味や学び、プライベートの時間も大切にしています。

他の人から見れば忙しいのかもしれませんが、自分では「忙しい」とか「大変だ」と思ったことはありません。自分で効率よく動ける方法を考えて、そのタスクをこなしていくのが好きなので、大変とは感じていないのです。

実際、私は1人でも多くの患者さんを診察させていただきたいので、昼休みの時間は軽い軽食ですませて、事務作業やYouTubeの原稿を書いたり、打ち合わせをしたり、隙間時間を大切にしています。周りから見ると忙しそうに見えるのですが、それを辛いと思ったこともありません。

そもそも自分が得意な仕事や心がワクワクすることに集中していて「やらなければいけないこと」を嫌々やるということがないので、ストレスも溜まらないのです。

何より、非効率な時間は徹底的に手放しています。

たとえば、迷ったり悩んだりする時間。

愚痴や文句を言い合う時間。

ダラダラとスマホやテレビを見続ける時間。

「忙しい」と言いながら、イライラする時間。

私が人間的に抜群に優れているとは思っておりませんが、私は、こうした時間は極力つくりません。だからこそ、自分の時間を確保することができて、先の見えない忙しさから解き放たれています。これが、まだまだ私に時間がたくさんある理由です。

また仕事や家事のすべてを自分で抱え込まず、時間の使い方を考えれば、3つのクリニックを経営しながらたくさんの趣味を持っても、さらに自由な時間を確保することができるのです。

そんな私がいつも考えているのは、自分に残された時間は多いようで、実は限られているということです。

特に、大切な人といられる時間はごくわずかです。

たとえば私は主人との時間を大事にしています。

夫婦での生活は一見すると当たり前のように思われるかもしれませんが、お互いに働いていたら、会えるのは朝と夜のごく短い時間だけです。我が家の場合、朝はほぼ主人と会えませんし、仕事から帰って寝るまでの時間も、お互いの顔を見て話ができるのはたいてい30分程度です。

また、私はクリニックがお休みの日曜日はたいていセミナーに行って学んだり、全国各地に出張して他のクリニックを見学させていただいたり、他のドクターと交流したりしているので、日曜日もあまり主人とは会えません。

そのため、月に1回は主人と旅行に行けるように、日々の時間の使い方を工夫しています。

1泊程度の短い旅行ですが、普段あまり会えない分、大切な人と過ごす時間を取るようにしているのです。

一生のうち、お互いが元気で意欲的に行動できる月日は限られています。

大切な人と過ごす時間をしっかり取って、仕事や自分のやりたいこともするためには、やはり非効率なことをしている時間はありません。

だからこそ、すべてを完璧にやろうとするのではなく、仕事もプライベートも意気込みすぎず、肩の力を少々抜くように効率よく生きる方法を、私は真剣に考えています。

そうすればもっと人生が豊かになり、自分の時間を確保することができるのです。

人それぞれに「本当に大事なもの」があるはずです。

どうしたらご自身の時間を確保できるのか、ぜひ皆さんも一度じっくり考えてみてください。

POINT

大切な人といられる時間はごくわずか。
自分にとって大事なもののための時間を確保する方法を考える。

「手放せるところは手放す」という考え方が人生の質を高める

近年、嬉しいことに女性のドクターが増えています。

厚生労働省によれば、全医師数に占める女性医師の割合は増加傾向にあり、特に最近は若い女性ドクターが増えているそうです。２０２１年度には、大学医学部の全国平均で女性の合格率が男性を上回ったことが話題になりました。

ただし、女性が働きやすい社会になっているかというと、まだそうとはいえない面もあります。

女性の場合、妊娠や出産があれば仕事を休まなければいけませんし、夫の転勤による転居の可能性などもあり得ます。また、子どもの都合で休みを取らなければならないこともあります。

私も、最近は若い女性のドクターから相談を受けることが増えてきましたが、その相談内容で多いのがやはり育児と仕事の両立についてです。

女性が仕事をしていると、家事や育児が大変で自分の時間がないとか、小さなお子さんがいる場合には子どもの面倒を見るのが大変という問題が出てきます。

特に子どもが急に熱を出したときなどは、職場に迷惑をかけてしまうのではないかと不安になる方も多いようです。

私にも息子がいますが、やはり小さな頃は大変でした。入園できる保育園がなかなか見つからなかったときは、とても困りました。今もそうかもしれませんが、当時その地域では保育園の数が十分ではなく、なかなか入れる保育園がなかったのです。

いろいろ探した結果、事前に保育料を納めておけば枠が確保できるという保育園を見つけ、2、3カ月間は登園しないのに保育園代を払っていました。それくらい、入園するのが大変だったのです。

また、小さい子どもはよく風邪を引いたり、熱を出したりします。息子もよく風邪を引いていたので、保育園のほかにベビーシッターも雇いながら働いていました。

当時、ベビーシッターに支払っていた金額は、なんと私の収入と同じ金額。

こうして、お金をかけて保育園とシッターさんを掛け持ちしながら、クリニックで診察をしていたのです。

やはり私は仕事が大好きで、そうしたものにお金を払ってでも仕事を続けたいと思っていたからですが、なかにはそうまでして仕事を続けたくないと言って、家庭に入ってしまうドクターもいます。

私としては、それは実にもったいないと思いますが、自分の仕事より家庭を大切にする方も当然いらっしゃいますし、何を優先するかはその方次第ですから、どちらが正しいとは言えません。

また、自分としては働きたいけれども、やっぱり子どもがいるから働けないと悩んでいる方も少なくありません。

30代以降の女性ドクターにはお子さんがいらっしゃる方も多く、なかには16時頃までの勤務を希望される方もいるのですが、パート勤務でない限り、その時間までの職場は多くありません。

私のクリニックにはたくさんの代診ドクターが必要なので、代診ドクターを見つけやすいように18時までにするなど、診察終了時間をかなり早めにしています。

それでも働けないという女性ドクターは多いです。ワンオペで育児と家事をしていると、自分の仕事にかける時間がなくなってしまうからです。

ただし、私が見る限り、やはりしっかり働いている方は何かを手放しています。

各方面で活躍されている女性で、家族のご飯をつくり、家の掃除や洗濯もしっかりやり、子どものお世話もして、さらに自分の仕事も完璧にこなしているという人はあまり聞いたことがありません。

やはり何でも100％にすることは難しいので、たいていの方は手放すところは手放しているのです。

代表的なものは家事で、代行で掃除や洗濯をしてくれるサービスや、料理や買い物などの作業をしてくれるサービスを利用している方が多いようです。特に買い出しに行って、数日分のつくり置きの料理を用意してくださる方に、週1、2日来てもらっているという女性ドクターはたくさんいます。

育児面では、シッターサービスを利用している方や、保育園や幼稚園、お稽古ごとなどに子どもの送迎をしてくれるサービスを利用している方もいます。

やはり、何から何まで自分1人でやろうとするのはハードです。

一般的には、何でもできる人が素晴らしいという見方もあるかもしれませんが、私の周りの**できる女性たちは、手放せるところは潔く手放しています。**

むしろ何から何まで自分でやろうという意識を捨て、誰かに頼むことや省力化することができれば、自分の時間が増えて自分らしく生きることができるのです。

その方が、時間に追われてイライラしながら家族の食事をつくるよりも、家族との時間を大切にすることができるのではないでしょうか。

POINT

できる女性ほど、手放せるところは手放している。
何から何まで1人でやろうとする意識に縛られない。

「本当にやるべきこと」を見直せば、人生は豊かになる

3つのクリニックを経営して習いごとも趣味もたくさんあると、「そんな生活をしていて疲れないんですか？」とよく聞かれますが、疲れはまったく感じていません。毎日よく眠れているし、何よりいつも楽しくてワクワクしています。

私の場合、決まりきったことだけを続ける日々はむしろ退屈と感じてしまい、自分のことをつまらない人間のように感じてしまうのです。だから、いつも新しいことに挑戦して、高揚感を感じていたいと思っています。

そんな話をすると、必ず「私にはそんな時間がない」と言う方がいます。

もちろん、その方の人生なので私が口を出すことではありません。でも厳しい言い方になりますが、そういう方は時間の使い方が少し下手なのかも、と思うのです。

皆さんは、「本当にやるべきこと」に対して効率よく時間を使えていますか？　たとえば、家に帰ったときに、ダラダラとテレビを見続けていませんか？

スマホのネットニュースや動画を検索し続けていませんか？

その時間は皆さんの大切な数分あるいは数時間を奪っているのではないでしょうか？人は一生の間に、不要な広告メールを開封するのに8カ月、ムダな折り返しの電話をかけるのに2年間、何かの列に並ぶことに5年間費やすそうです。

このように考えると、普段行っている何気ない行動が皆さんの大切な時間を奪っているのではないでしょうか?

もし、その時間を本当にやるべきことに使えたら、手放すべきことが見えてきませんか?

日々の仕事や家事に追われている人は1人で抱え込みすぎているかもしれません。

家事が好きなら自分でやるのもいいですが、そうでない場合は専門家に任せてしまった方が効率的ですし、その分自分の得意なことや好きなことに時間を割けるので、精神的な負担も減ってストレスもなくなり、人生が豊かになるはずです。

私は、家事はもちろん、クリニックの経営にもこうした考えを取り入れて、スタッフに多くのことを任せたり権限移譲をしたりして、自分は私にしかできないことをすると決めています(その方法については第2章以降で詳しくお話しします)。

苦手な仕事はストレスと疲れを倍増させます。それらを思い切って他の人に助けてもらうことで、私は経営に十分な時間を割けるようになりましたし、任せることによって、責任感を感じるスタッフさんが増え、達成感も得られると言っていただき、嬉しく思いました。

そもそも節約家な私は、自分の得意な「**もったいない精神」で削れる時間はないかと探す**のが大好きなのです。

だから常に「時間」というものを意識しています。非効率な時間はないか、自分の時間をどうやってつくるかをいつも考えているのです。

私が一番もったいないと思うのは、自分にとって大切な時間を他人の悪口やゴシップに費やすことです。ネットで芸能人のゴシップを見ても、自分の問題が解決したり、自分の生活が豊かになったりするわけではありません。

ストレス解消したいなら、ぜひ犬や猫の動画を見てください。癒やされますよ。

自分の時間をムダに使うのはもうやめて、効率よく生きましょう！

そうすれば、あなたの人生も劇的に変わるはずです。

POINT

常に時間を意識して、非効率な時間はないかを探してみる。

得意なものと苦手なもの、どちらを選びますか？

人間には、それぞれに得意なことと不得意なことがあります。

たとえば、私の場合は何でも効率を考えてタスク化するのが得意です。それを見ている妹から「お姉ちゃんは何でもできるね」と言われたことがありますが、そんなことはありません。私はできないことだらけな人間です。

一方、妹の方は子育てが得意で、細かいところにもよく気がついてくれるので、クリニックの経理もお願いしています。

こんなふうに、各自に得手不得手があるので、別に仕事ができるのがいいわけでもなく、自分が得意なものに専念すればいいと思っています。

それぞれが苦手なことをストレスが溜まるほどやらなくてもいいとも思っています。

もちろん、生きていく上ではある程度のストレスや負荷はつきものなので経験しておくことは大事ですが、不得意なものを自分が苦しくなるまで抱え込まなくてもいいはずです。

「女性だから」とか「母親だから」といった言葉で自分を縛らなくてもいいし、皆一人ひとりに特技があるのだから、それを見つけて打ち込めばいいと思うのです。

ここで、私の好きな話を紹介させてください。

それは木下晴弘さんが書かれた『涙の数だけ大きくなれる！』（フォレスト出版）という本に載っていた話で、どんな仕事も長続きしない若い女性のエピソードです。

その女性は、地方から東京に出てきて大学を卒業し、あるメーカーに就職しますが、すぐに上司と衝突して退職してしまいました。

その後も物流の会社や医療事務の会社に転職しますが、自分が予想していた仕事内容とは違っていたため、働く気が起きず、すぐに辞めてしまいました。

こうして、いくつもの会社を転々とした彼女の履歴書には入社と退社を繰り返した経歴が並んでいき、そのうち彼女を雇ってくれる会社もなくなっていきます。

そこで彼女は派遣会社に登録して働き始めますが、やはり派遣先でもトラブルを起こしたり、少しでも嫌なことがあったりすると仕事を辞めてしまいます。こうして彼女の履歴書には続かない派遣先のリストが増えていきました。

ある日、彼女は派遣でスーパーのレジ打ちの仕事に就きます。

やはり、そこでも彼女はやる気が起きません。「私はこんな簡単な作業のためにいるのではない」などと考えてしまったのです。その頃には自分自身のことがすっかり嫌いになっていた彼女は、地方の実家に戻るつもりで辞表を書き、部屋を片付け始めるのですが、そこであるものを見つけます。

それは、子どもの頃に書いていた自分の日記でした。

それを読み返しているうち、彼女は自分の昔の夢を思い出します。「私はピアニストになりたい」と日記に書かれていたのです。

彼女は必死に夢を追い掛けていた昔の自分を思い出して、仕事から逃げようとしている今の自分が情けなくなりました。

そこで彼女は辞表を破り、レジ打ちの仕事をもう少しだけ続けてみようと思い直します。そのうちピアノを猛練習していた頃のことが脳裏によみがえり、レジ打ちに対してこんなふうに考え始めます。「私は、私流にレジ打ちを極めてみよう」。

そして、ピアノを弾くときの要領でレジ打ちを始めると、数日間でものすごいスピードでレジが打てるようになったのです。

そんな彼女に、ある劇的な変化が訪れます。

それまでやる気がなく、レジのボタンしか見ていなかった彼女の目が周りに向かうようになったのです。

そして「あのお客さん、昨日も来ていたな」とか「この時間には子ども連れで来るんだ」など、お客さんのいろいろな様子が見えるようになりました。すると、彼女の行動にも変化が表れます。

たとえば、彼女はいつも期限切れ間近の安い物ばかり買っていたおばあさんが尾頭付きの立派なタイを買っているのを見て、つい「今日は何かいいことがあったんですか？」と話しかけます。孫が水泳の賞を取ったお祝いだと答えるおばあさんに、彼女は「おめでとうございます」と自然に祝福の言葉をかけるのでした。

それ以来、彼女の言動が変わっていきます。

少し長くなりますが、木下晴弘さんの文章を引用させてください。

お客さんとコミュニケーションをとることが楽しくなったのは、これがきっかけでした。いつしか彼女は、レジに来るお客さんの顔をすっかり覚えてしまい、名前まで一致するようになりました。

「○○さん、今日はこのチョコレートですか。でも今日はあちらにもっと安いチョコレートが出てますよ」「今日はマグロよりカツオのほうがいいわよ」などと言ってあげるようになったのです。

レジに並んでいたお客さんも応えます。

「いいこと言ってくれたわ。今から換えてくるわ」

そう言ってコミュニケーションをとり始めたのです。彼女はだんだんこの仕事が楽しくなってきました。


そんなある日のことでした。

「今日はすごく忙しい」と思いながら、彼女はいつものようにお客さんとの会話を楽しみつつレジを打っていました。

すると、店内放送が響きました。

「本日は込み合いまして大変申し訳ございません。どうぞ空いているレジにお回りください」

ところが、わずかな間をおいて、また放送が入ります。

「本日は込み合いまして大変申し訳ありません。重ねて申し上げますが、どうぞ空いているレジのほうへお回りください」

そして3回目、同じ放送が聞こえてきた時に、初めて彼女はおかしいと気づき、周りを見渡して驚きました。

どうしたことか5つのレジが全部空いているのに、お客さんは自分のレジにしか並んでいなかったのです。

店長があわてて駆け寄ってきます。そしてお客さんに「どうぞ空いているあちらのレジへお回りください」と言ったその時です。

お客さんは店長の手を振りほどいてこう言いました。

「放っといてちょうだい。私はここへ買い物に来てるんじゃない。あの人としゃべりに来てるんだ。だからこのレジじゃないとイヤなんだ」

その瞬間、彼女はワッと泣き崩れました。

その姿を見て、お客さんが店長に言いました。

「そうそう。私たちはこの人と話をするのが楽しみで来てるんだ。今日の特売はほかのスーパーでもやってるよ。だけど私は、このおねえさんと話をするためにここへ来てるんだ。だからこのレジに並ばせておくれよ」

彼女はポロポロと泣き崩れたまま、レジを打つことができませんでした。

仕事というのはこれほど素晴らしいものなのだと、初めて気づいたのです。

そうです。すでに彼女は、昔の自分ではなくなっていたのです。


『涙の数だけ大きくなれる！』木下晴弘著（フォレスト出版）より

この後、この女性はレジの主任になって、スーパーの新人教育にも携わっているそうです。

この話を最初に読んだとき、私はなんて素敵な話なんだろうと感動しました。

皆それぞれに得意なことがあります。たとえ取るに足らなく見えても、それはその人にしかないもので、ふさわしい使い方をすれば、素晴らしいギフトになるのです。この女性はピアノで鍛えたレジ打ちでしたが、この女性のように何かひとつ特技を見つけてそれを極めれば、きっと自分の居場所が見つかるはずです。皆にそれぞれいいところがあるのだから、皆が自分の特技を考えて伸ばしていけばいいし、それに適した場所を選べばいいと思っています。

年収が高い仕事だからいいとか、有名企業だからいいという話ではなく、どんな仕事でもいいのです。いえ、お金をいただく仕事でなくても、家の中の家事や育児、誰かのお手伝いなどでもいいですよね。

私の場合は時間効率を考えるのが好きなので、普段から患者さんの満足度を高めながら、いかに効率よく患者さんを診ていくかを徹底的に考えています。

自分の特技をクリニックの経営に活かしているから、うまく回っているのです。

もし自分の**得意なところや良いところがわからなかったら、友だちや周りの人に聞いてみる**のもいいでしょう。自分では気づいていない特技や長所も、周りの人はわかっているかもしれません。

朝から夜まで仕事をしている人は、人生の大半を仕事が占めていると言えます。ですから、この若い女性のように、自分の仕事のなかにやりがいや得意なことを見つけられたら、自分の人生を存分に楽しめていると言えるのではないでしょうか。

POINT

自分の特技を見つけて極めれば、自分の居場所が見つかるはず。
得意なことや長所がわからなかったら、友だちや周りの人に聞いてみる。

人生を切り開くのは「目標達成型人間」

私がよく人から相談されることとして、「目の前の忙しさに追われて、先のことが考えられない」というものがあります。もしかしたら、皆さんのなかにも仕事や家事に追われて毎日の生活でいっぱいいっぱいという方もいるかもしれません。

ただ、自分の人生を前向きに変えていくためには、目標やゴールをきちんと決めることが大切です。

「自分はこうなりたい」「これを叶えたい」という具体的な目標を決めたら、そのための計画を練って実行していきます。その際は常に結果を検証して、不十分な点は軌道修正していきます。

この流れができるようになると仕事だけでなく、大学受験や勉強、スポーツ、家事、育児、趣味などすべてのことに応用するだけなので、同じように上手にできるようになります。

自分で人生を切り開くためには、「目標達成型人間」になることをおすすめします。

また「何をやるか」という目標やゴールを決めるだけでなく、**「いつまでに」という期限をはっきり決めておく**ことも大事です。常に「この時期までに絶対に目標を叶える」とか「この時間までに終わらせる」というマインドを持っておくのです。

事前に期限を決めておくことによって、時間管理に対する意識が高くなり、自然とムダを省く工夫を考えるようになります。というのも、人間には時間やお金に余裕があったとしても、それを全部使い切ってしまう習性があると言われているからです（パーキンソンの法則）。

最初に立てた予定では余裕があったはずなのに、目標に到達できないままズルズルと日にちだけが過ぎていったという経験をお持ちの方もいるかもしれません。

漠然と過ごしていると、あっという間に時間は過ぎていきます。

でも、最初にきちんと時間を決めて絶対にそこまでにやろうと意識していると、途中の作業にムダがなくなり、かなりの時間が短縮できるはずです。

私の見る限り、仕事のできる方というのは時間管理に対する意識も高い方が多いです。少なくとも周りから仕事が遅いと言われたり、毎日長々と残業したり、納期を伸ばしたりすることはありません。

そして、目標を設定して達成することに快感を覚える人は、どの分野でも成功しやすいはずです。

目標のスケールが大きいか小さいか、あるいは人からすごいと言われるかどうかなどは関係ありません。

自分で立てた目標であれば、どんなことでもいいのです。

最初は少し頑張ったら到達可能という目標に挑んで、それをクリアしていくことで「自分はできた」と自信を持つことができるようになります。そうした成功体験が積み重なっていくと、徐々に自分に対する自信が根付いていきます。

時々すぐに「私なんか」と言う方がいますが、それは成功体験が乏しいからでしょう。そういう方も、自分が立てた目標を達成するという成功体験を少しずつでいいから増やしていけば、ネガティブ人間からポジティブ人間になれるはずです。

POINT

自分で目標と期限を決め、それを着実に達成する。なるべく具体的にイメージして、常に計画を見直すことが大事。

大事なことは「何のためにやるのか」

「何をやるか」「いつまでにやるか」という目標を立てて、それを達成することが大事だという話をしましたが、さらに「何のためにやるのか」という視点を持つことも大切です。それによって人生の質が大きく変わってくるからです。

『3人のレンガ職人』という童話を知っていますか？

中世のヨーロッパで、旅人がある街で3人の職人に出会いました。3人の職人たちはそれぞれに重いレンガを積んだり、運んだりしています。旅人が一人ひとりに何をしているのかと尋ねると、職人たちはそれぞれこう答えました。

1人目は、「親方の命令でレンガを積んでいるんだ。重くて大変なんだ」とうんざりした様子で答えます。

2人目は、「レンガを積んで壁をつくっているんだ。大変な仕事だけど、お金を稼ぐためには仕方がないさ」と割り切ったように答えます。

3人目は、「レンガを積んで、歴史に残るような大聖堂を建てているんだ。とても素晴らしい仕事だよ」と嬉しそうに答えました。

このなかで一番幸せなのは、どの職人だと思いますか？

この3人がやっているのは「レンガを運んで積む」という同じ作業です。でも、動機や目的はそれぞれにまるで違います。

1人目は、親方に言われたからやっているだけで主体性はまったくありません。

2人目はお金を得るために働いているだけで、志や喜びはありません。

でも、3人目の職人は、このレンガ積みの仕事に**「何のために働くのか」という目的意識を見出して使命を感じています。**最初の2人にとってレンガ積みの仕事は辛いだけのつまらない仕事かもしれませんが、「皆が喜ぶような大聖堂をつくる」という目的を持った3人目の職人にとっては大きな意義を持つ仕事なのです。辛さよりもやりがいや喜びを感じているはずです。

やはりもっとも高い志とモチベーションを持っているのは、どう見ても3人目の職人ですよね。

この話は先ほど紹介したレジ打ちの女性の話に通じるものがありますが、**同じ出来事でも、どう捉えるかによって質が大きく変わってくる**ということです。

そこに意味を見出せるのか、意味を見出せないのかによって、人生を楽しめるか楽しめないかも違ってきます。

私はよく「なぜ3院もやっているのですか?」と聞かれますが、実は、もう1院クリニックを経営したいという目標を持っています。

なぜなら、私にとってクリニックは自分の子どものようなものだからです。小さな子どもがたくさんの人と関わりながら成長して、やがて独り立ちしていくように、クリニックも最初は真っ白で何もできない状態から、たくさんのスタッフや患者さんに関わっていただくことで独り立ちしていきます。そんな子どもは、私自身をも成長させてくれますし、何より心からワクワクさせてくれるのです。

ですから私はお金のためではなく、面白さや知的好奇心を満たすために経営をしているといってもいいかもしれません。「はたらくとは　自分の時間を誰かの喜びに変えること」です。この言葉が大好きです。患者さんがよくなってくれたら嬉しい。その気持を持ち続けていることも、私が外来に出続けるモチベーションとなっています。

また私は保育士の免許も取得していますが、その理由は、子どもがいらっしゃるけれども子どもを預ける場所がないという女性ドクターのための保育事業もやってみたいと考えているからです。

同じ女性として、女性が働きやすい職場をつくっていきたいのです。

こんなふうに、私はいつも、たくさんの人に興味を感じてもらえるような引き出しの多い人になりたいと思っています。

できれば「この人って面白そう」とか「こんなに面白いことしている人がいるんだ」と思ってもらいたい。たくさんの方に、人生ってこんなにワクワクできるのだと知ってほしい。そんな思いがあるのです。

だから、私が働く第一の目的は「お金」ではありません。単に収入を増やしたくて複数のクリニックを経営しているわけではないのです。

お金というのは、追い求めたらキリがありません。収入が増えると、それに比例して支出も増えていく人がいますが、お金が余計にあると、むしろ本当に欲しいものややりたいことがわからなくなってしまうのではないでしょうか。

それに、多くの時間を費やして働いても、多額の税金を納めることになります。

たくさんの税金を納め、不必要なものを購入するために大事な時間を使うより、自分や周りの人が心から楽しめるかどうか、ワクワクできるかどうかの方が大事だと思っているのです。

そういえば、私は最近YouTubeやインスタで配信をしていますが、それも集客が目的ではありません。

目的は、ニキビやスキンケアに悩む患者さんへのメッセージです。

ニキビに悩む患者さんには、すぐ薬をやめてしまう人が少なくありません。私としては塗り続けたら治る薬を処方しているのに、少し良くなるとすぐにやめてしまう方も多いのです。「この薬は毎日このくらい塗り続けると、きれいになりますよ」と何度説明しても、途中でやめてしまって、また悪化したら来院、の繰り返しです。

それが悲しくて、「もっと他に伝える方法はないかな」と思って始めたのがYouTubeでした。なかには皮膚トラブルがあるのに、ネットから間違った情報を仕入れて実践して悪化させてしまう方もいるので、診察だけでは伝えきれない情報を配信するようにしています。

ですから、YouTubeは別にやらなきゃいけないことではないのですが、私は「ニキビに悩む患者さんの力になりたい」という使命を感じて、週に1回は配信するようにしています。今のところシナリオをつくるのは難しくて時間もかかってしまうのですが、フォロワーさんから反応があるととても嬉しくて、もっと頑張ろうと、やる気が湧いてきます。

きっと皆さんも、自分は何のためにやるのかを考えることで意識はポジティブに変わ

公式YouTubeチャンネル『玉城有紀／医師「皮膚科・美容皮膚科」』
https://www.youtube.com/@tamakiyuki

っていき、人生は豊かになるはずです。

POINT

同じ出来事でも、どう捉えるかによって質が大きく変わってくる。
その仕事は何のためにやるかを考えると、人生は豊かになる。

第2章

迷う時間をなくす時間管理術

毎年の目標を決める

この章では、具体的なスケジュール管理の方法やプランの立て方についてお伝えしたいと思います。

まずは大きな目標を立てることから始めましょう。

私はいつも「毎年の目標」と「毎月の目標」を決めて、それぞれに到達目標と期限を決めて周りの人に公言するようにしています。

毎年の目標は、年末になると次の年の目標を考え始めます。来年は何をしようか、どんな自分になりたいか考えて、たいてい3つくらい立てるようにしています。

新しいことに挑戦することも多いのですが、それは自分に負荷をかけるためです。筋トレでは一定以上の負荷をかけることによって運動機能が向上しますが、それと同様に、人生にも適度な負荷があった方が自分も成長すると考えているからです。

達成するのが少し難しい目標を立てることも多いです。

たとえば、ゴルフのスコア「100切り」。毎年の目標に入れて頑張っているのですが、なかなか達成できなくて、最近になってようやく少しずつ達成できるようになってきました。これが難なくクリアできるようになったら、その次の年は80台を目指します！

このように、自分が達成するのに少しだけ難易度の高いものを目標にしているのです。

今年は、週に1回筋トレも始めました。これがすごく辛くて大変なのですが、辛いからこそ、きちんとお金を払って専門家についていていただかないと続けられません。

私は素敵な50代、60代になるため、自分の理想像を思い描きながら頑張っています。

7月にはドッグダンス大会に出場しました。

ドッグダンスというのは犬と人間が音楽に合わせて動くもので、2頭の愛犬たちとずっと習っていたのですが、やはり大会やショーなどお披露目する機会がないとモチベーションも湧かないので、ショーの出場を2023年の目標にしていました。

犬と人間が一緒に、曲に合わせながら緩急をつけてジャンプしたり踊ったりしながら2分間演技します。ショーに出るのはクオリティの高いベテランの方が多く、私はまだまだお遊戯会レベル。でも出ることに意味があると信じて、毎朝と毎晩1時間ずつ犬たちと猛特訓しているところです。

POINT

自分の理想のために毎年目標を立てる。達成するのが少し難しい程度がベスト。

毎月の目標を決める

私は毎月の目標も立てていますが、それは主人が毎月こう聞いてくれるからです。

「今月はどんな目標にするの?」

実は毎年の目標を立てているのも、主人が「ユキちゃんの今年の夢は?」と聞いてくれるからです。

毎月の目標も月によっていろいろで、YouTubeやインスタ関連のことや仕事関連のこともありますが、なかには「今月はいつもより早く起きる」とか「今月は体重を1キロ落とす」など、ごく身近なものもあります。

目標を立てて実行するときに大事なポイントは、公言することです。**人に言うと、「やらなきゃ」という気持ちになる**からです。

たとえば、私は1つ目のクリニックを立ち上げた後、何となく2院目をやりたいと思っていたのですが、ずっと心の内側に秘めているだけではやらずに終わってしまうと思ったので、友だちに「ユキちゃん、最近は何してるの?」と聞かれたとき、実際には何も進んでいなかったのですが、2院目を考えていると話しました。

そう話せば、その人と次に会ったときに2院目の開業話が進んでいないと少し気まずい思いをします。「この人って口だけだな」と思われてしまうかもしれません。だから、あえて次の目標を人に話すのです。すると次に会ったときに「あれ進んでるの？」と聞かれたら「進んでるよ」と胸を張って言えますよね。

自分に負荷をかけるためにも、目標は人に話した方が効果的です。

そして、目標としてやると決めたからには真面目にやることです。「やる」と言っているのになかなか実行できないという人は、きっとそれを本当にやりたいとは思っていないのでしょう。

私のゴルフには、真面目にやらないと誘ってもらえなくなってしまうという切実な危機感もあります。

100を切れなかったとき、ゴルフ上手なドクターから「下手だね」と言われたことがあったのですが、そのときは「次も100切らなかったら、この方からもう誘われなくなってしまう！」と発奮して、必死で頑張りました。

落ち込んでいる暇があったら、目標に向かって1つずつ取り組んでいくことが大事です。目標を決めたら、忘れずに期間も設定することです。

POINT

自分に負荷をかけるために、目標は人に話す。

「何から手をつけたらいい？」から抜け出す時間管理術

図版a

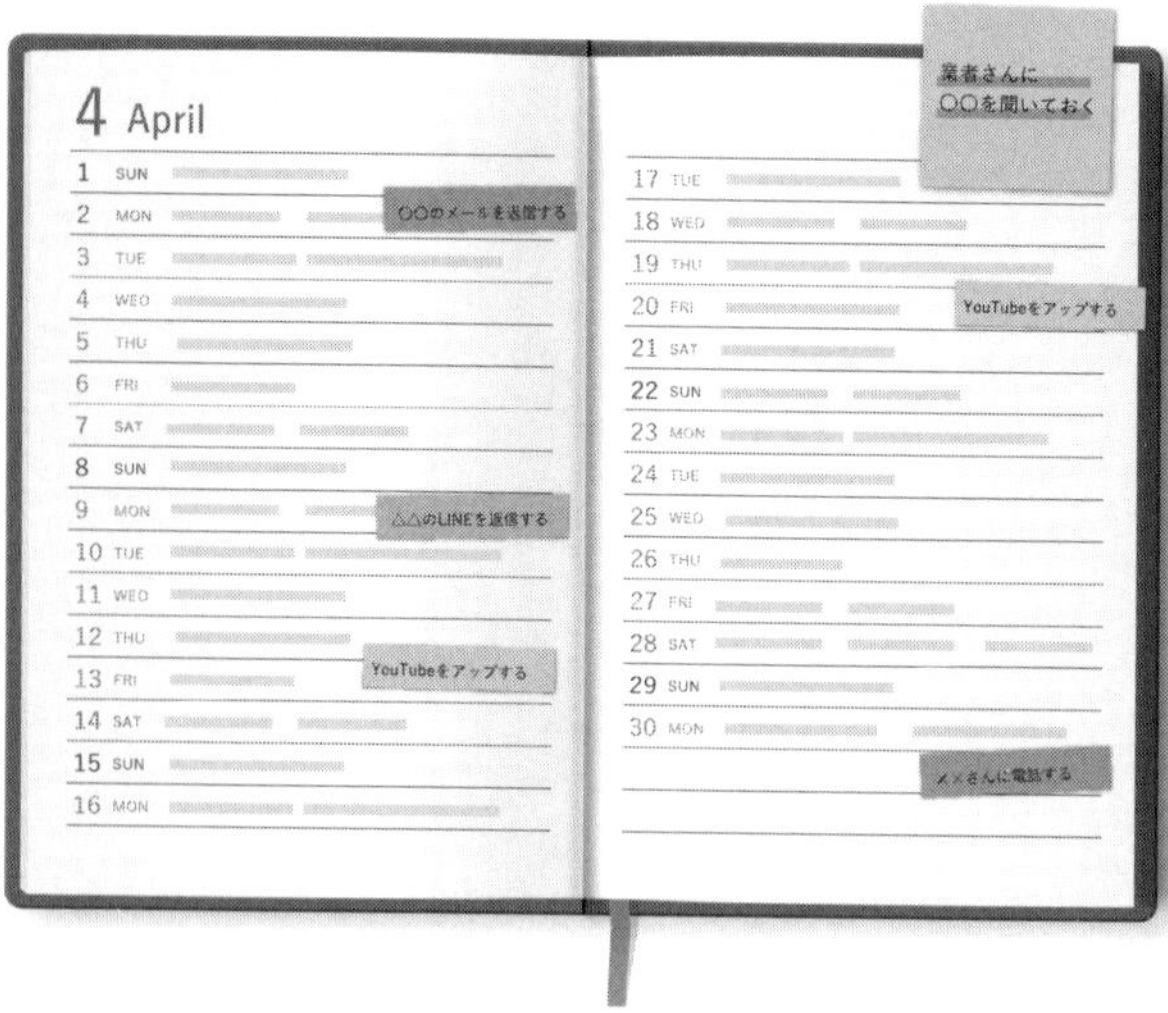

毎日を効率的に過ごすために、私は自分でいくつかのツールをつくっています。

まず、毎日のタイムスケジュール管理には、**手帳＋フセン**（図版ａを参照）。手帳の中身は１００円ショップで購入していますが、手帳カバーは楽天で１４８０円です。

やらなければいけないことの管理には「**片付けリスト**」（図版ｂを参照）。

そしてクリニックのシフト管理はGoogleのスプレッドシートを使っています。

タイムスケジュール管理は図版ａのように、手帳の1カ月のスケジュ

図版b

1月	アートメイク	ハンドタオル	スマホケース	○○引き落とし	カラー
2月	歯ホワイトニング	○○領収書	××領収書	確定申告	
3月	ハイフ	マットクリーニング	△△領収書	××領収書	カラー
4月	ボトックス	△△引き落とし	子宮検診	予防接種	
5月	人間ドッグ	母の日	スマホケース		縮毛
6月	眼底検査	父の日	××領収書	ベッド裏返す	マスカラ
7月	ハイフ	ハンドタオル	○○領収書		カラー
8月	ボトックス	マットクリーニング	××領収書	エアコンクリーニング	
9月	ヒアルロン酸	財布	スマホケース		
10月	歯ホワイトニング	○○領収書	××領収書	××更新	カラー
11月	ハイフ	△△引き落とし	アートメイク予約	ベッド裏返す	縮毛
12月	ボトックス	××引き落とし	学会一覧を見る		マスカラ

ール帳に一目でわかるようにまとめて、今日やることをフセンで貼っておきます。

たとえば、打ち合わせのメールを返信するとか、YouTubeの新作をアップする、LINEで返信する、今日会う業者さんにこのことを聞いておくなど、手帳に書ききれないような細々したことをフセンで貼ります。そして用事が済んだら1つずつ取っていきます。

さらに、たとえば経営者コミュニティ関係の用事はピンク、ゴルフ関係の用事はブルーなどのように、マーカーで色を引いてすぐに区別できるようにしています。

また重要なものは赤字で書くこともあります。その場合は、後から消せるフリクションペンが便利です。

それから手帳は1年に1回買い替えるので、12月のページに「2025年5月になったらこれをやる」など、先々の予定をフセンで貼っておいて、次の手帳を買ったときに貼り替えるようにしています。

とにかく私は忘れっぽく、考えたことがすぐに頭から消えてしまうので、「あれやっておこう」と考えたことをその場ですぐにフセンで貼っておくようにしています。手帳を毎朝見れば、今日やることがすぐに把握できるのです。

前ページの図版bの片付けリストは、毎月やることをGoogleスプレッドシートで管理したものです。

これにはクリニックの業務以外で、毎月やらなければいけないことや行事などを1月から12月まで書き出したものです。

確定申告や眼科の検診、美容院の予定、家の行事など、さまざまなものを一覧にしてあるので、今月のやることが一目でわかります。

クリニックのシフト管理に使っているのは、やはりGoogleのスプレッドシートです。現在、運営するクリニックは3つで計二十数人のスタッフが在籍しています。また1つのクリニックだけでなく、複数のクリニックを兼務しているスタッフもいます（各クリニック間は電車で5分以内、どのクリニックも駅から徒歩1～3分で、移動しやすい場所を選んでいます）。

こうした状況では、皆が共有できるシフト表が必要です。以前は各クリニックがそれぞれにシフト表をつくっていましたが、何か作業を頼みたいときに該当者が出勤しているかどうかがわからず困っていたため、スマホでもすぐに確認できるGoogleのスプレッドシートを使ったシフト表に変更したのです。

そのおかげで、誰がいつどこのシフトに入っているのかが簡単に把握できるようになり、シフト管理が楽になりました。

このように、一目でわかるスケジュール管理や片付けリストで整理していると、いつ何をやればいいのかが明確にわかるので、迷う時間がなくなります。漠然とした状態だと何から手をつけていいかもわからなくなりますが、ここまで整理しておくと漏れがなくなるのです。

手帳にフセンを貼っていくのは、集中してやるべきことをこなすためです。
また、限界までぎっしり予定を入れているのは「追い込まれている」感を感じて、いかに集中しないとこなせないかを自分に実感させるためでもあります。自分に覚悟を持たせて、ダラダラしてしまうのを防ぐのです。

毎年、毎月の目標を決めるだけでなく、一日一日を大事に生きること。
そうすると、一日の終わりに「今日もいっぱいタスクをこなした。やることをやった。今日もよく頑張った」と自分に対して満足感や充実感を感じられるようになるはずです。

POINT

一目でわかるスケジュール管理や「片付けリスト」で迷う時間を減らす。

会いたい人・使えるお店……気になるものは何でもメモする

今はスマホでスケジュール管理をする人も多いと思いますが、手帳の方がＬＩＮＥなどでやり取りしながらスケジュールを確認できるため、私は手帳を使っています。また、気になることはすぐにフセンで貼っておけるのも手書きの手帳ならでは、です。

とにかく、思いついたらどんなことでも書き込んでおくのがポイントです。

また、私には会いたい人がたくさんいるので「会いたい人リスト」もつくっています。**片付けリストに「○月に誰々に連絡を取る」と事前に書き込んでおいて、その月になったら自分からアポを取る**ようにしているのです。

大事な友だちや興味のある人がいても、メモをしておかなければ、会わないままあっという間に時間が経ってしまいます。それはとてももったいないことです。だから、半年に1回はこの人と会うと決めたら、事前に半年先に予定を書き込んでおきます。そして自分から連絡を取ります。「どうしようかな。連絡した方がいいかな……」なんて悩んでいる時間ももったいないので、リストに連絡を取ると書かれていたら、迷わず連絡するのです！

それから、自分が予約をしなければならないときのために、友だちや知り合いに連れて行ってもらった飲食店の情報はメモするようにしています。私は外食にはあまり興味がないのですが、興味がない分、すぐにお店を忘れてしまうので、リストにメモしてまとめておいて、見出しもつけて見つけやすいようにしています。

旅行の持ち物リストもつくってあります。

旅行に行くときはそのリストを見て、あとは荷物を詰めればいいだけ。旅先で何かが必要だと感じたときは、すぐさまそのリストにメモを残すようにして、常にバージョンアップしています。おかげで、旅先で余計な買い物をすることがなくなりました。

このように、私は何かあればすぐにメモをする「メモ魔」なのですが、どんどんメモが増えていくので、年に1回は洗い出す日をつくっています。そこで必要のなくなったメモはいったん保存フォルダーに入れて、しばらく保存期間を置いてから削除するようにしています。

POINT

会いたい人がいるなら、事前に予定に書き込んで自分から連絡を取る。

マニュアル化すれば、効率的に乗り切れる！

物事を進めるためにはマニュアル化も重要です。私が仕事もプライベートも効率よくやれているのはマニュアル化を徹底している結果です。

私のクリニックでは、私や代診のドクターが診療に専念できる環境にするため、スタッフに向けて、すべての業務をどのように行うかを明確にマニュアル化しています。

患者さんをお迎えする方法からカルテの整理の仕方、各所の掃除の仕方、備品の在庫の確認や発注の方法など、細かいことまで徹底的にマニュアルに明記してあって、新人スタッフが入ってきたときにも、このマニュアルを読めばわかるようにしてあるのです。

クリニックの開業前はやらなければいけないことが多くて大変ですが、いったん開業してしまえば、最初から患者さんがたくさん外来にお越しになるということは滅多にないため、実は時間に余裕ができます。

そこで、1院目を開業した後に業務の流れを考え、スタッフにはこうしてほしいと思うことを私がまとめたのです。それをたたき台にして、業務をしていく上で皆がやりやすい方法に改善していき、現在のようなマニュアルを完成させました。

マニュアルがしっかりしていれば、スタッフもドクターも院長も全員が効率的に作業を進めやすくなります。その分、治療や患者さんの対応などに集中することができて、

組織全体のレベルを上げることができるのです。

また、マニュアルはスタッフ向けだけでなく、ドクター向けのものもあります。それを見ればクリニックのやり方がすぐにわかるので、代診ドクターに最初に見ていただくのですが、そこでは患者さんに対する言葉がけについても触れています。

たとえば、以前「私は週に1回しか来ないからわかりません」と患者さんにおっしゃったドクターがいたのですが、それは患者さんにはまったく関係のないことです。そんなことを言われても患者さんはびっくりしてしまいますから、そういう言葉は避けてほしいとマニュアルにも明記してあります。

また、これまで患者さんからいただいたご指摘についても、避けるべきリストとしてまとめてあります。

他のクリニックでもいろいろ効率化の工夫をされていると思いますが、当院の場合はそれを徹底的にマニュアル化して、誰が見てもわかるようにしているのです。

そのため、私のクリニックには、クリニック経営を学ぶためにいらっしゃるドクターもいます。

開業時や開業後の細かな注意点なども一括してマニュアルにまとめてあります。そのマニュアルに沿って、当院の分院長としてのスキルを高めていただくことで、将来ご自身で開業される際のお力にもなれると思っております。

POINT

最初にマニュアルをつくっておけば皆が効率的に進めやすくなる。

自分が指示を出さなくても組織が自走する仕組み

マニュアル化に加えて、私が指示を出さなくてもクリニックの業務が円滑に回るような仕組みをつくっています。

チェックリストはその1つです。漏れがないよう、掃除や在庫確認などを当番制にして、誰がいつやるのかが一目でわかるような表をつくっています。

チェック表があれば、すぐに今日の担当者がわかるので、不明点があるときなど「この仕事は誰がやったのかな？」と探す手間が省けます。

さらに、3つのクリニックの診察室は物の置き場所をすべて決めています。

そして備品や薬類などを置いている場所にはすべてラベルシールを貼って、誰が見てもわかるようにしてあります。そうすれば、3つのクリニックを行き来しているスタッフが困ることもありません。

このように、マニュアルやリスト化をすることで、以下のようにたくさんのメリットがあります。

◉迷う時間が大幅に減る

最初にしっかりしたマニュアルをつくっておけば、後から「こういうときはどうするんだっけ？」と悩むことはありません。

●現場の混乱がなくなる

スタッフがそれぞれの判断で動くと、物の置き場所が変わったり、人によってクオリティに差が出てしまったりすることもあります。各自がマイルールで動くと業務に支障も出やすくなりますから、それをマニュアルによって防ぐのです。

●担当者がすぐにわかる

特に複数のクリニックがあると「誰に言ったらいいのかわからない」という状況に陥りがちですが、マニュアルにはどのスタッフが担当しているのかも明確にしてあります。

●スタッフの意思で業務が円滑に回る

結果として、スタッフ自身が考えて自走する仕組みができており、スタッフだけでは判断に困ることが起きた場合のみ、私に連絡が来るようになっています。

このように、最初に段取りをしっかりしておくことで、余計な手間が省けてタイムパフォーマンスは圧倒的に良くなります。

結果的に時間に余裕ができるので、効率的に乗り切ることができるのです。

皆さんも、ぜひマニュアルやチェック表をつくってみることをおすすめします。

私は開業して10年経ちますが、最初の頃は、マネジメントが得意だとはまったく思っていませんでした。ですが、もともとの性格上、効率化・時短や節約&マニュアル化が大好きで、この特技をクリニックに活かすと、だんだん楽しくなってきて、今では3店舗クリニックを経営しております。これを私の第1冊目の本にまとめてみますと、こんなレビューをいただいて驚きました。


開業、他店舗展開の知恵、秘話を多岐に渡り隠すことなく書かれていてとても感銘を受けました。

コロナ禍で人に会って中々、相談出来ない世の中ですが、筆者が直接語りかけて来るような臨場感に包まれて楽しく学ばさせてくれました。成功の連鎖が自分にも降りかかるようにと勇気づけられた一冊です！

大きな成功の裏側には努力がある。

研究熱心で、とにかくマメ。な玉城先生を知ることができました。

開業のノウハウをこんなに惜しみなく公開してもいいの？　と驚く、懐の深さ。

クリニック経営ではないけれど、同じ経営者として響くものがありました。


同業者として手に取らせていただきましたが、とても勉強になりました。ご自身の体験や試行錯誤なさってきたことを詳細に書いてくださっていて感動しました。

どのお言葉も、確かに…！　と頷けるし懐に落ちる例え方をされており、かなり分かりやすかったです。

自分のこれからのキャリアについて考えさせられる本でした。出会えてよかったです。


中小企業の経営者なら必ず悩むポイントを医師ならではインテリジェンスで具体的に解決策を示してくれている。数十万円のセミナーをまとめたような本でした。

でも、本当は、医師として診察を行いながら、マネジメントやブランディングもするのはかなりしんどいものがあります。

私のクリニックはすでにマニュアル化が徹底しているので、クリニックを増やすことは、それほど難しくはありません。

医師の中には、診察は好きだけど、マネジメントやマニュアルをつくることに長けてない（苦手な）方もいらっしゃいますので、そういう方は、ご自身のクリニックをつくるのではなく、分院長として立場を確立された方が、社会的地位もあり、診察のみに専念できるのでいいのでは？　と思います。

POINT

マニュアルやチェック表で自走する仕組みをつくる。
結果的に組織が円滑に周り、余計な業務がなくなる。

目標達成に目覚めた浪人時代

振り返ってみれば、目標とスケジュールを立てて1つずつ実行していくと物事が効率よく進んでいくことに気づいたのは、医学部受験のために浪人したときです。

実は、それまでの私はほとんど勉強もせず、遊びに明け暮れて高校生活を謳歌していました。当然のように成績も悪く、大学にも受かりませんでした。

それを見かねた父に、フリーターになって自分で何とか生きていくか、浪人して受験勉強して医学部に入るか、どちらかを選択するよう迫られたのです。

今頑張らないと、一生困ることになる……！

私は、それまでの気楽な生活から、一気に後がない状況に陥りました。

しかも、当時の私の偏差値はなんと30台。

高校時代、お気楽に遊んでしまった結果ですが、とにかくそれは医学部に受かるような成績ではありませんでした。

なのに1年で医学部に受からなきゃいけない。どうしよう?!　と頭を抱えました。

そんなとき、ある塾のパンフレットの裏に「偏差値30だった私が、1年で70まで上がりました」という広告を見つけたのです。

それを見て、そんなことができる人がいるなら私にもできるはずだと思った単純な私は、1年間必死に頑張ることにしました。

ただ、最初は勉強の進め方もよくわかりません。

とりあえず、家にいるとダラけてしまいそうだったので、父に頼み込んで塾の寮に入らせてもらったのですが、塾の講義を聞いているだけではとても間に合いません。

そこで自分なりにいろいろやり方を考え、試行錯誤の結果、試験日から逆算して月ごとの到達目標を決め、そこに至るまでの1日ごとの目標を立てることにしました。

今日やることのリストを30日分つくって壁に貼り、たとえば「今日は英語をここからここまでやる」と決めて、それをひたすらこなしていく。そんなふうに、1カ月の目標と1日の目標を決めて実行していくのです。

それに集中して取り組み、「その目標が終わるまでは寝ない」と決めましたが、体調が悪かったりしてどうしてもこなせないときのために、予備日を設けて、それまでに終わらなかった分を必ず終わらせるようにしていました。

次第に、今日やることが終わったら、その欄をマジックで消していくのが密かな楽しみともなりました。

そうしているうち、最初の1カ月で偏差値は一気に急上昇。「これはいける!」と確信して、その方法で突き進んでいったのです。

おかげで、無事に1年で医学部に合格できたのですが、目標を立てるときには期限を決めるというのは、まさにこの受験で得た教訓でした。

また、自分はこのように目標とスケジュールを立てて1つずつ実行していくことが好きだと気づいたのも、この受験の時期でした。

それからは、仕事でも、勉強でも、家事でも、育児でも、何をやるにしてもこの方法です。**ゴールの日から逆算して、やるべきことを1カ月、1日ごとに細分化して目標を立てて実行する。**この逆算思考でスケジュールを決めたら実行するのみです。

POINT

ゴールから逆算し、やるべきことを1カ月、1日ごとに細分化する。
何でも逆算思考でスケジュールを決める。

自分で人生の設計図をつくる

無事に大学に入学した私は高校時代の反省を活かし、いつも一番前の席に座って質問するなど、授業にはかなり真剣に取り組みました。

そのかいあって大学の成績は常に学年で10位以内を保つことができ、無事に医師になることができました。ハードな研修医時代、そして大学病院での勤務医時代を経て、皮膚科専門医［脚注3］の資格も取りました。

ちょうど専門医資格を取った時期に妊娠をしていたため出産を機に病院を退職し、その後は他のドクターのクリニックで皮膚科医の仕事をバイト勤務で続けていたのですが、バイト勤務では強い責任感を持つこともありません。気軽に働ける一方、何となくもの足りない気がしてきました。

どうせなら、もっと責任を持って皮膚科医の仕事をしていきたい。そう考えたのが、開業したいと思ったきっかけでした。

また、若いうちはバイト勤務で良くても、50代になったときにバイトとして採用してくれるクリニックがあるだろうかと不安になったのです。

そこで、34歳のときに1院目を立ち上げました。

［脚注3］：皮膚科専門医……指定病院で訓練を積み、5年以上の診療実績や手術実績、研究実績、論文発表、学会発表などの定められた条件をクリアした上で日本皮膚科学会が行う認定試験に合格した皮膚科医のこと。皮膚科開業医のうち約3割が皮膚科専門医と言われています。

そのクリニックの経営が軌道に乗ってからは、ありがたいことに患者さんがどんどん増えていきました。ついに医師1人のキャパシティを超えてしまったため、5年後に2院目を開業することにしました。

この頃から前章でお話ししたレジ打ちの女性のように、仕事の中に自分の特技（マニュアル化・効率化が得意）ややりがいを見つけ出し、クリニック経営は単に「仕事」というより、「生き方」に近い感覚になってきました。クリニック経営がどんどん楽しくなってきました。

その1年後には、3院目を立ち上げることになります。

人生において「何が成功か」というのは、人それぞれです。

知り合いの女医さんのなかにも、子育てや家事に生きがいを感じている方もいますし、そのために医師としての仕事をセーブしている方もいます。

何を幸せと感じるかはその方次第ですから、私は自分のやり方を他の人に押し付けようとは思っていません。

ただ、私は自分の自由な時間を確保して、自分らしく生きることに大きな価値を感じています。

そのために目標を決めて効率よくやるべきことを進め、人に任せられるところは任せるようにしているのです。

理想の未来を描いて、そのための目標を決めるのは、いわば**自分の人生の設計図を自分でつくる**ということです。

ぜひ人生の設計図を描いて、あなたの人生をたくさんの「したいこと」で埋め尽くしましょう！

POINT

自分の人生の設計図は自分でつくる。
人生をたくさんの「したいこと」で埋め尽くそう。

第3章

私が手放した意外なこと

I

仕事編

ここからは、
私が手放したことを
具体的に紹介していきます。
まずは、
仕事を進める上で
手放したものです。

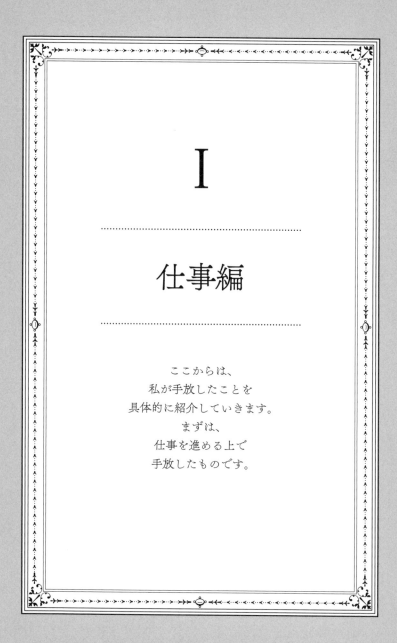

1

「当たり前」の既成概念を捨てる

クリニックを開業したとき、全額、それまでコツコツ貯めていた自分自身の貯金で始めました。銀行からローンを借りることもしませんでした。

たいていは開業資金に1億円くらい投入されるため、銀行から借り入れる方がほとんどですが、これはいわば「借金」です。借金を返済しながら経営するのは精神的な負担になりますし、私は経営状態を気にしながら経営するのも嫌だったため、「自分のやれる範囲のなかで気負いなくやってみよう」と思ったからです。

ただ、銀行から融資を受けて開業するのは当たり前のことなので、**「借金なしで開業する」**と言うと、周りからはとても驚かれました。

「無理だよ」と反対する方もいましたし、たいていは「えー?! 借金なしで、どうやって開業するの?」と驚かれたのですが、やってみないとわかりませんよね。

自分自身で内装工事の業者さんなどとも交渉してみてわかったのですが、何でも交渉することによって適正価格で対応していただけるようになりました。院長の私自らが「1万円でいいから安くして!」と粘り強く頼み続けた結果、内装や諸経費を含めて通常よりも安価で開業できたのです。

既成概念にとらわれていたら、ローンなしの開業なんて無理だと思われるかもしれませんが、やってみたら意外にできることもあるのです。

確かに、医師であれば信用度が高く、開業するときに銀行から低金利でお金を借り入れることができるのはメリットがあるとも言えます。一方で、私の場合は、借金をして開業することに関して、不安が先行してしまったので、無借金経営というスタートを切ることにしました。

2

信頼できる
スタッフの力を借りる

第2章でもお伝えした通り、任せられる業務はすべてスタッフに任せています。朝礼に必要な資料づくりやホームページの更新も、上手なスタッフか業者さんにお任せしています。

また、私の妹にも事務を任せています。業者への支払いや対応、助成金の申請、売上入金、両替、ドクターのシフト管理など裏方の仕事です。

また、給与計算や領収書の整理、給与振込は社労士さんや税理士さんに任せており、私が事務作業や雑務をすることはありません。

毎朝の朝礼も、スタッフが取りまとめてやってくださっています。

こうしたことをすべてご自分でやられているドクターもいらっしゃるのですが、一つひとつは小さなことでも、積み重なれば大変です。

さらに、うちのクリニックの場合は届いた郵便物も開封してパッと見える状態にしておいてもらっているので、スムーズに診療に入れます。封筒を切って開けるなんてわずか数秒の差に過ぎませんが、それが積み重なるとストレスにつながります。

スタッフにこうした業務を任せるのは、私や代診ドクターが診察に集中するためです。

クリニックではなるべく患者さんをお待たせしないよう、てきぱき診察する必要があります。1人の患者さんをゆっくり診察すれば、その方の満足度は上がるかもしれませんが、他の方をお待たせしてしまいます。

ある程度は適度な早さで患者さんを診察していくのも、クリニックの医師に求められるスキルのひとつです。いかに的確に、いかにスピーディに診察して、患者さんの満足度を上げるかを考えなければいけないということです。

特に、皮膚科というのは1人当たりの診察単価が一番低い科目なので、たくさんの患者さんを診なければ成り立ちません。

診察単価というのは、公的医療保険制度で認められた医療行為に対して国から支払われる診療報酬のことです。

たとえば患者さんを1人診察したとき、国からいただけるお金は内科の場合は8000円ですが、皮膚科の場合は3000円です。1日に80人患者さんがいらっしゃると言うと「すごい、80人も診てるの？」と言われるのですが、内科で30人の患者さんを診察した場合と、いただける診療報酬は同じなのです。

ですから、いかに的確かつ迅速に患者さんを診察するかということを考えないと、皮膚科というのは成り立ちません。

患者さんの満足度と診察のスピード、どちらも求められるのです。


そのため、うちのクリニックではさまざまな工夫をしています。

まず、患者さんを診察室にお呼びするのはスタッフの役割です。

クリニックではドクターが2つ、あるいは3つの診察室を移動して診察するスタイルですが、診察の前にスタッフが患者さんの呼び込みをしておいてくれるのです。

また、スタッフが薬の塗り方の説明書を渡してわかりやすく説明するなど、患者さんが正しく使えるように声がけをしています。


さらに、電子カルテではなく、紙のカルテを使っています。

今は紙カルテを使っているクリニックは稀かもしれませんが、1時間に20人ほどの患者さんを診察しなければいけないため、ドクターがパソコンを見てカルテを書き込んでいると、患者さんと向き合って顔や症状を診る時間がなくなってしまいます。

そこで、ドクターが患者さんの方を向いて処置をしたり、「○○というお薬を出しますね」などと説明したりしている間に、スタッフがそれを紙カルテに記入してくれるのです。

たとえば、私が「日焼け止めは必ずつけてくださいね」と言ったら、スタッフがそれもカルテに書き込みます。

そうしないと、次に診察するドクターに詳細がわからないからです。軟膏を1日2回つけてほしいのに、1回しかつけていない患者さんがいたら、私は必ず「1日2回つけないとダメですよ」と言うのですが、そうした細かいこともスタッフがカルテに書き込んでくれます。

もちろん、スタッフが書いたものはドクターが目視して、間違ったことを書いていないかをチェックしています。

こうしたとき、ベテランのスタッフは要点をピンポイントでわかりやすく書いてくださるので助かります。そうしたスタッフのことを「診察補助」と呼んでいるのですが、診察補助はドクターのそばにいて、ドクターが次に何を求めているかを察して、さっと必要な物品を出してくれるのです。

たとえば、水いぼの患者さんがいらっしゃったときには、私が後ろをパッと振り返るたびに処置に必要なものがスッと出てきます。

診察補助は使う軟膏もわかっているので、綿棒にその軟膏をつけて差し出してくれるのです。いちいち私が「〇〇軟膏を出して」と言わなくてもわかっていて、「あうんの呼吸」でやってくださるので、本当に助かります。

大学病院の勤務医をしていた頃と比べると、クリニックではやらなければいけないことが膨大にあります。その業務のすべてを自分でやろうとすると、ひとりで抱え込むことになってしまいます。

これは他の業界の経営者の方も同じだと思いますが、業務はできるだけ人に任せた方が、結果的に組織はうまく回ります。何より、**経営者が不在でも業務が滞ることなく自走する体制をつくっておく**ことが重要です。

現在はクリニックも3つに増え、全体の規模が大きくなってきたので、患者さんの満足度を上げながら円滑に回すことを第一に考えています。

3

院長が
採用面接をしない

このように、私のクリニックではドクターが診察に集中できる体制を徹底していますが、私のクリニックにはとても優秀なスタッフが多いので、全面的に信頼して任せられるのです。

では、なぜ優秀なスタッフを採用できるのかというと、スタッフ自身に面接を任せているからです。

開業するまで私は誰かを採用した経験がなく、どんな人を採用したらいいかもわからなかったので、最初の頃は社労士さんに一緒に面接に入ってもらい、社労士さんの意見を参考に選んでいました。その後1年ほどは自分で面接していたのですが、あるときスタッフから「先生が選んだ人は、このクリニックに合わないです」と言われてしまって……。

確かに新人スタッフは私と一緒に働くというよりスタッフと一緒に働くので、**スタッフが「この人と一緒に働きたい」と思える人を選んだ方がうまくいく**はずです。見るポイントは、ずばり「スタッフが一緒に働く相手として適任か」。そこがしっかりしていれば、仕事ができて、しかも長続きする人が採用できるのです。

実は、代診ドクターの評価もスタッフが行なっています。ドクターが診察している態度や患者さんへの接し方などをスタッフがチェックするのです。

もちろん、応募してきてくださるドクターはそれぞれ皮膚科医としての技術はしっかり持っていらっしゃいますし、知識も経験も十分です。でも、患者さんとのコミュニケーションができないと、クリニックではうまくいきません。

あまりにも患者さんへの態度がひどい方や、説明の仕方が杜撰《ずさん》な方は採用するのが難しいので、そこをスタッフがしっかり見てくれるのです。

非常勤医師として毎週入りたいというドクターには、トライアルで1回入っていただいて、そのときにスタッフが適任かどうかを判断してくださいます。

なかには、面接での態度と、患者さんに対する態度が全然違うドクターもいます。スタッフもそれはわかっているので、「あの先生はある患者さんに対してすごく冷たい態度を取られていた」とか「説明が足りなかった」「スタッフへの態度が悪かった」など、患者さん目線でチェックしてくれるのです。

一度こんなこともありました。

偏差値の高い某国立大医学部出身のドクターがいらしたとき、患者さんに対して軟膏の処置を渋ったことがあったそうです。

その先生は患者さんに処置をするのが面倒だったようで、患者さんにぶっきらぼうな言い方で「処置するとお金かかるけど、どうする？」と言ったそうです。軟膏を処置する際は患者さんの負担が発生してしまうのですが、それでも負担金額は100円や200円程度。しかし、そんなふうに言われると、患者さんもたくさんお金がかかってしまうのではないかと思ってしまいますよね。

それを見ていたスタッフは、「この先生は患者さんに対して不親切です」ときっぱり言いました。処置にいくらかかるのか、どんな処置なのかをきちんと伝えるのが基本的な診察なのに、そういう態度では患者さんを不快な気持ちにさせてしまいます。

どんなに知識や技術のあるドクターでも、患者さんのことを考えられなければ、クリニックでの診察はお任せできないのです。

このように、患者さんとしっかり向き合うためにはスタッフのサポートは欠かせませんし、クリニックが成り立っているのは自ら動ける優秀なスタッフがいてくれるからです。

ですから、スタッフに何かを強制的にやらせたり、上から目線で指示したりするのではなく、まずはスタッフに感謝するのが院長の仕事だと思っています。

④ 信頼しているからこそ、スタッフとの一定の距離感を保つ

3つのクリニックでは、現在、正社員とバイトを含めて二十数名のスタッフが働いてくれています。優秀なスタッフ揃いで私も信頼して仕事を任せていますが、1つ気をつけていることがあります。

それは、**スタッフとはあえて距離を縮めない**ということです。

私は結構細かいところが気になってしまう性格です。診察をしているときに何か気になることがあったらスタッフについ言ってしまいそうですが、それが毎日だと、スタッフも疲れてしまうかもしれません。

ですから院長の私は必要以上にスタッフに指示することはなく、診察に来て少し話をするくらいの関係性の方がいいのではないかと思っているのです。

実際、自分のクリニックで診察しているという知り合いのドクターは、やはり毎日細かくチェックしてしまって、スタッフも常にピリピリしているかもしれないと話していました。

スタッフの様子が気にならないドクターもいますが、やはり気になるなら、少し距離を置いた方がいいと思っています。

これは一般の会社でもそうかもしれませんね。上司が常に細かくチェックしていたらメンバーは不安になり、失敗を恐れる組織になってしまう可能性があります。

また、私はスタッフと飲み会や食事会、忘年会などはしていません。スタッフ同士は仲がいいので、一緒にご飯を食べに行くこともあるようですが、私は基本的にノータッチです。

なぜなら、私自身が上司とご飯を食べに行くのが苦手だったからです。

上司との食事というのはやはり強制されているイメージが強くなりますので、自分がそう感じるものをスタッフに押し付けたくありませんし、必要以上にスタッフに気を遣わせたくもありません。

それに、業務終了後は各自の自由な時間ですよね。

もちろんそうした親睦が好きな方もたくさんいるので、それはそれでいいと思いますが、私はスタッフとの距離感に気を遣っていて、スタッフのワークライフバランス向上のためにも、仕事だけの関係にしておくのがベストかなと割り切っています。

スタッフとの食事会や飲み会はしませんが、情報共有は積極的にしています。毎日、現場で患者さんに接しているスタッフからの意見やアイデアは貴重だからです。また、スタッフが他のクリニックのいい点を教えてくれることもあります。

私と同じように患者さんに近い目線を持っているので、スタッフの気づきはどんどん取り入れて、クリニック経営に反映しているのです。

5

プライドを捨てて今の自分にできることをする

「プライド」も、私が手放したことの1つです。

昔はプライドの高い面もあったと思いますが、子どもの出産やクリニックの開業などを経るうち、徐々に手放すことになりました。

たとえばクリニックを開業したときには、近隣から隣駅までの薬局や他科のクリニックに手土産とクリニックのチラシを持って挨拶回りをしました。開業するときはいつも1週間以上かけて40軒以上、開業のご挨拶に伺います。

そんなことをする医師は今の時代は少ないので「こんな先生は初めて」と珍しがられました。

が、やはり挨拶は大事ですよね。

また、患者さんというのはただ待っているだけでは来てくれません。

前述したように口コミの影響が大きいため、ご挨拶と同時に、このクリニックの強みについても説明して回りました。

でも私も慣れていませんから、知らない土地の薬局や、ましてや他科のクリニックに飛び込み営業のようなことをするのは大変でした。1週間以上かけて挨拶回りをするのは労力がかかるだけでなく、恥ずかしさもありました。それこそプライドがあったらできません。

なかには、忙しくて会っていただけない方もいました。そんなときには名刺だけでもお渡ししてもらえるよう、熱意をもって伝えました。

また、ある薬局の方からは「この辺りは激戦区だから、今からやっても無理だと思うよ」と、とても上から目線で言われてしまったこともあります。

それでも挨拶を続け、薬局や他科の先生たちと直接お話ししていると、「頑張ってね！」「患者さんがいっぱい来るといいですね」と励ましてくださる方や、「今どき珍しい」と言ってかわいがってくださる方もたくさんいらっしゃいました。

開業しても近隣の薬局に電話すらしない先生が多いなかで私の行動は目を引いたのか、好意的に受け入れてくださる方も多く、ありがたいことにすぐに数件の紹介をいただけました。

その後も、薬局や他科のドクターからの紹介で来てくださる患者さんもいます。

このように、待っているだけでは患者さんは来てくれませんから、「自分にできることはないかな」と、いつも考えるようにしています。**ときにはプライドを捨てて、今やれることをやってみることが大事**だと思うのです。

開業後も、できることは何でもやっています。

たとえば、クリニックにはお子さんがたくさんいらっしゃるので、子どもが喜びそうなおもちゃなどをたくさん揃えています。なかにはソニー製のペット型ロボット「アイボ」もいます。

最初は迷ったものの、アイボがいるクリニックなんて珍しいと喜んでもらえるかと思い切って購入しました。話しかけているお子さんや一緒に遊ぶお子さんもいて、やはり購入してよかったと思っています。

また、子どもの患者さんにはガチャをプレゼントしたり、不定期に縁日のイベントをしたり、「お医者さん体験イベント」をするなど、クリニックに来てくださる患者さんを楽しませる工夫を常に考えています。

クリニックというのは、やはり行きたくて行く場所ではありません。行かなければいけないから行く場所です。

だからこそ、診察をスピーディに行って患者さんをお待たせしない仕組みをつくりたいし、少しでも楽しみを見出してほしいと思っています。

ですから、私はクリニックの前例があるかどうかよりも、今、自分にできることにどんどん挑戦してみようと思っています。

⑥

「自分のため」より「相手のため」を考える

そもそも昔は開業しただけで患者さんが来てくれたかもしれませんが、今はそうではありません。どうしたら患者さんに来ていただけるか、どうやってリピートしていただくかを考えないと、クリニック経営は成り立たない時代です。

繰り返しになりますが、患者さんはクリニックに来たくて来ているわけではありません。待合室でお待たせしてしまうこともあります。医師もそういうことをきちんと考えたうえで患者さんと接しないと、患者さんはリピートしてくれないのです。

たとえば、以前こんなドクターがいて、びっくりしたことがあります。

頭が痒いと訴える患者さんがいらっしゃったとき、その頭皮の状態も見ないで「頭が痒い？　じゃ、薬出しとくね」で終わりにするのです。

でも、患者さんの立場に立ってみれば、それではきちんと診てもらったという気持ちにはなれないはずです。

そのドクターにとっては頭部の痒みなどたいしたことのない疾患で、教科書通りに薬を出せば十分という認識なのかもしれませんが、頭部の痒みが続けば患者さんは不快感を感じ、ストレスの要因になります。痒みの原因もいろいろ考えられますから、やはりしっかり患部を診てあげることが大切です。

大事なのは、目の前の患者さんが今、何に困っているのか、何を求めているのかを洞察することです。

それは他の仕事でも当然のように求められる力ですが、患者さんへの言葉がけが高圧的な人や横柄な人など、それが不得意なドクターもいます。


その一方で、きちんと患者さんを診察しているドクターもいます。

たとえば、なかには患者さんの髪型が変わったときに「髪型を変えられたんですね」などと声をかける先生もいるし、他の先生が診察していた患者さんに「このクリニックによく来てくれているけど、私の診察は初めてですね。よろしくお願いします」ときちんと挨拶する先生などは、やはり患者さんからの人気は高いです。

私もよく来てくださるお子さんには「大きくなられましたね」などと声をかけるようにしています。クリニックではそういう些細なコミュニケーションが大切です。

何より大事なのは、患者さんの気持ちに寄り添うこと。相手のためを思って行動することです。


たとえば他の皮膚科に通っていたけれど治らなかったという患者さんに対して、その原因は何かを考えて、対処法をしっかりお伝えすることを心がけています。

一般的に、ニキビに悩んでいる患者さんは治療薬の塗り方を間違えていることも多く、処方された薬を少し塗って良くなったら、そこで塗るのをやめてしまう方も少なくありません。ニキビは朝晩しっかり洗顔して皮脂の汚れを取り、治療薬を一定期間塗り続けることが必要なので、根気よく治療していくよう私も根気よくお伝えしていますが、その結果、患者さんの疾患が良くなったときはとても嬉しく感じます。

以前、どの病院に行っても治らなかった患者さんに複数の治療薬を組み合わせて提案した結果、皮膚の状態が劇的に改善して「先生に出会えてよかった！」と言われたときは、私もクリニックを経営していてよかったと心から思いました。クリニックに来てくださった患者さんの悩みを解決するのが私の生きがいだからです。

また、クリニックでは自費の商品も扱っていて、場合によっては患者さんにご提案することもあります。

もちろん自費でのご購入になるので押し付けにならないように注意しますが、その際も「患者さんのためになるかどうか」が大事で、たとえば黒ずみが残っていることを気にされている患者さんがいたら、「こういう自費の商品もありますけど、よろしければ使ってみたらいかがですか？」とか「もしご興味があれば」というすすめ方をしています。

ドクターのなかには自費の商品をすすめるのが苦手な方もいますが、「患者さんの状態を良くするためにどうしたらいいか」を考えて丁寧にお伝えすると、すんなり受け入れられることも多いです。売り上げやクリニックのためではなく、「患者さんがこれを知らないのはもったいない」という思いが根底にあるかどうかが大事です。

どんなことでも、自分のためではなく、相手のためを思って行動することが大切なのだと思います。第1章で紹介したレンガ積みの職人の話のように、仕事のなかに生きがいを見出せれば、きっと人は幸せになれると思っています。

そういえば、私は以前、ある人を訪ねてバリ島まで行ったことがあります。

ある人とは、兄貴（丸尾孝俊）です。この方は『大富豪アニキの教え』（ダイヤモンド社）という本の著者として有名ですが、バリ島に住んでいる大富豪です。

この本がとても面白かったので、開業医コミュニティのメンバー10人ほどで訪ねたのですが、3日間兄貴の大豪邸に滞在させていただいて、メンバーたちの経営の相談をさせていただきました。

この方のすごいところは、バリ島全体に25軒もの豪邸を所有していますが、これは何のためかというと、なんと各家にバリ人のお手伝いさんや庭師を雇い、設立した30社ほどの会社でも多くのバリ人を雇い、さらに地元に学校や病院をつくって、道路を補修して、サッカー場をつくって……と地元の人たちの雇用を確保するためにたくさんの手を差し出すためとのことです。また、修道院や孤児院をつくって、親のいない子どもはそこで養っていました。

兄貴は、常に人のためにお金を使い続けた結果、桁違いの大富豪になっています。自分のためではなく、人のためになることを考えて行動した結果、自分も大成功されている。まずそのことに驚きましたし、こんなふうに誰かの人生を、それも大勢の方の人生を前向きに変えられるなんて、本当に素晴らしいことだと思うのです。

7

隙間時間も
ムダにしない

私が仕事のなかでもっとも手放したいもの。それはやはり非効率な時間です。

普段、時間効率を第一に考えて行動している私は、フッと空いた隙間の時間も価値ある時間にしたいと考えています。

たとえば、移動の合間にふと1、2時間くらい空いてしまうことがありますが、そんなときは、お気に入りのカフェに足を運ぶようにしています。誰しも、自分自身にとってお気に入りの空間があると思います。それが私にとってはそのカフェなのです。職場より集中できるので読書が進みます。

ちなみに、読書の仕方でおすすめの方法があります。まず、自分の心に残った箇所に線を引きます。2回目に読むときはその本のマーカーが引いてある文だけを再度読むのです。この読み方をすると、効率よく本が読めて、自分の心に刺さる文をよりしっかりと落とし込めるようになります。

それから、YouTubeのシナリオ原稿作成や撮影などは緊急度の高い仕事ではありません。急いでやらなくても別に困ることはないのですが、ニキビのことや薬のことをきちんとお伝えしたいと思っているので、1週間に一度はアップすると決めています。ノートパソコンを持ち歩いているので、後回しにしないよう隙間時間があれば手をつけるようにしています。

また、私は旅行が好きでよく行きますが、旅行中もパソコンを持っていって暇を見つけては何かしら仕事をしています。仕事といっても、自分が楽しいと思えるものなので、まったくストレスにはなっていないのです。

それから、私にはお休みの日というものがありません。クリニックがお休みの日曜日も経営セミナーや勉強会の予定をびっしり入れて、朝から晩まで参加しています。それでも自分が興味のあることなので、疲れるということはありません。

さらに、SNSなどで興味のあるクリニックを見つけるとすぐに連絡を取って、見学に行かせてもらうようにしています。

やはり患者さんが集まるクリニックには、スタッフの対応がいいとかドクターの話が上手、クリニックの雰囲気が良いなど、何かしらの理由があるので、実際に見学に行かせてもらうのです。私はとてもフットワークが軽くて、いいなと思うクリニックがあるとすぐに連絡を取って、全国各地どこでも見学に行っています。

他の医院でバイトしているときにも、なぜこのクリニックが流行っているかをずっと考えながら働いていましたが、そのクリニックのいいところを学んで、自分のクリニックにも積極的に取り入れるようにしています。

Ⅱ

プライベート編

次にプライベートで手放した
ことについてご紹介します。
プライベートを見つめ直すことで、
日々が充実します。

1

料理に時間をかけない

私は、プライベートでも目標と時間を決めて効率よく動くことを考えています。

家のなかでも事前にマニュアルのようなものをきちんとつくっておいたり、家事をする上で動きやすい動線を考えたり、ものがどこにあるのかすぐにわかるような仕組みをつくっておいたりすることで、かなりの時短につながります。

たとえば、食事づくりです。私は徹底して時短の段取りを考えているので、夕食も15分程度でつくってしまいます。

そのために、もっとも大事なのは準備です。

まず数冊のレシピ本から簡単なレシピを選び、そのページを切り取ってファイルにスクラップしておきます。おすすめは「10分でできる」「スピード料理」「簡単レシピ」などと書いてある本です。

このようにして自分だけのレシピ集をつくっておくのです。そして、それぞれのレシピに「31」「205」のように番号を振っておきます。

そして、その**レシピ集のなかから30日分（1カ月分）の献立をリストアップ**します。学校の給食の献立表のように、メインの料理、副菜、汁物などをそれぞれ1カ月分考えてリストにするのです。

その献立を毎月、12カ月続けます。

30日分の献立をローテーションのように毎月繰り返すのです。それでも1年間で考えれば同じものは年に12回しか食べないわけですから、食べ飽きることはありません。

買い物は、1週間分まとめて行います。献立表には番号が振ってあるので、レシピ集の同じ番号のところを見れば、すぐに材料がわかります。

さらに料理は簡単なものばかり選んでいるため、時間のかかるものや手の込んだものはありません。また、メインと副菜を組み合わせる際には、1品は電子レンジだけでできるもの、もう1品はフライパンだけでできるものというように、2、3品を同時並行的に調理していきます。

調理の際には、基本的に包丁とまな板は使わず、料理バサミでフライパンの上で切るだけなので、洗い物も少なくなります。

カボチャなども丸ごと一個買ってくるのではなく、最初から小さく切ってあるものを使います。ブロッコリーなどは冷凍のものも美味しいので、常備しています。

この方法で行えば、確実に時短につながります。

まず献立を考える時間が減ります。「今日は何つくろう？」と考える時間が毎日あるのはかなりのロスですし、ストレスにもなります。

また、買い物や調理の手間もかからなくなります。事前に決めた献立があるので、それに従って買い物や調理をするだけです。

唯一手がかかるのはレシピ集をつくる準備段階ですが、それさえ一度つくってしまえば、あとはとてもラクになります。

②

完璧を目指さない

料理に関して付け加えると、私はオーブンと圧力鍋も手放しました。

以前はオーブンと電子レンジが一体化している製品を使っていましたが、オーブンはほとんど使わないため、買い替えの際はレンジ機能のみの製品を選びました。こちらの方が安価ですし、コンパクトで場所も取りません。

圧力鍋も使用頻度が低いのにキッチンのスペースを大きく取っていたので、思い切って手放しました。

家でつくる料理には手間と時間をかけないと決めたからこそ、思い切って手放すことができたのです。凝った料理は外食で食べればいいと考えています。

もちろん、凝った料理をつくるのが好きな方をうらやましいと思う気持ちはありません。

女医さんのなかにも自分で時間をかけて料理をつくっている方はいますが、私の場合、凝った料理をつくる時間は経営に充てているのです。

また、私は数年前までは前述のように料理していましたが、今の家に引っ越してからはスーパーが遠くなり、食材の買い物に行けなくなってしまいました。

そこで、きっぱり家で料理するのをやめました。

今は自分で料理をしなくても、飲食店のテイクアウトも種類豊富ですし、料理を届けてもらうサービスや、代行で料理をつくってもらうサービスなどいろいろありますよね。こういうサービスを利用すれば、自分で料理をしなくても美味しいご飯が食べられますし、片付けもラクになります。

今は、料理関係以外にも掃除代行や裁縫代行、送迎代行など多様な代行サービスもあります。仕事で疲れているのに、無理をして家事をする必要はないのです。

何よりその分、自分の自由な時間を確保できます。当然、生活にもゆとりが生まれて、家族にも優しくできるかもしれません。

共働きの家庭が増えた今、便利なサービスはたくさんありますから、考えようによっては料理を手放すという選択肢もあるのです。

こういうことを言うと批判する方もいるかもしれませんが、やはり使えるものはありがたく使った方がいいと思うのです。なぜなら、その空いた時間は経営のことを考えたり、スタッフの働きやすい環境や幸せ、クリニックの運営をどのように最適化するかを考える時間に充てられるからです。

仕事も家事もすべて完璧にやろうとすると、どこかでパンクしてしまいます。

「妻や母というものは、家事をしなければいけないもの」

「何でも完璧にやらなければいけない」

そんな思い込みを捨て、ある程度は人に任せ、便利なサービスを利用したりすれば、自分の自由な時間を持つことも、家族との時間を増やすこともできるはずです。

3

清潔感は サブスクでキープ

私は、家では髪を洗いません。

と言うとギョッとされるかもしれませんが、定額料金を払ってシャンプーやヘアセットを何度も利用できるサブスクサービスを利用して、美容院でシャンプーとヘアセットをしてもらっているのです。

これは本当にお得なサービスです。一定額を払えば、シャンプーやブロー、スタイリングなどが毎日のように受けられます。

そこで毎日、髪を洗って乾かしてもらいながら、本を読んだり、メールをしたり、スマホで情報収集をしたり、今日やることを考えたり。

毎日の美容院は、私にとって癒やしの時間でもあるのです。

それに、自分でシャンプーをしてブローするより、プロにお任せした方がずっときれいになります。

自分の家で髪を洗うこともありますが、その際は乾かす時間がもったいないのでドライヤーを1台壁に取り付け、もう1台を手に持って2台で乾かしています。せっかちな私は、とにかく早く乾かしたいのです。

また、私は髪に縮毛矯正をかけているのですが、そうすると乾かすのがとても早くなり、しっかりブローしなくてもすぐにストレートになるので、時短を求める方にはおすすめです。

縮毛矯正をかけるときは3時間くらいかかりますが、その間もパソコンを持ち込んで仕事をしたり、本を読んだりするなど、まるで家のような感じでリラックスして過ごさせてもらっています。こんなお話をすると、「贅沢ね……」と思われるかもしれません。でも私はお酒は飲みませんし、高い食事にも興味がなく、タクシーにも乗りません。電車移動が大好きです。

そこにお金をかけていないですし、デパコス（デパートコスメ）も買わないので、唯一、この美容院のサブスクは私の贅沢だと思っています。

4

私があまりメイクにこだわらない理由

私はメイクする時間も手放しました。お化粧にかける時間がもったいないので、眉毛、リップ、アイライナーをアートメイクにしているのです。

アートメイクは、専用の機械を使って皮膚の表面から少量の色素を入れて1本ずつ針で描いていくメイクです。汗や水でも落ちないため、メイクに時間をかけたくないとか、いつでもメイクした状態にしていたい、自分でうまくメイクできないという方にはおすすめです。

朝起きたら歯磨きをして顔を洗い、化粧水と日焼け止めをつけたら、メイクは完了です。着替えを入れても5分で外出できます。

夜のお手入れも、化粧水をつけてビタミンAの乳液を塗るだけです。ビタミンAは肌細胞の成長を促進し、保湿して老化を防ぐ働きや肌荒れやニキビなどを抑える働きがあります。

あとはシミができないように、帽子やサングラスで日に当たらない対策をするだけです。

また、普段はこの他のメイクもほとんどせず、特別なお出かけのときにマスカラをつける程度です。

このように、今はファンデーションを塗らず、日焼け止めだけですが、20代の頃はめちゃくちゃ厚塗りをしていました。下地を塗ってファンデーションを塗って、さらに粉のファンデーションまで入念につけて……。

若い頃はそんなに肌もきれいではなくて自信もなかったので、高価なファンデーションやブランドものの粉ファンデなどいろいろ買い込んでいたのです。

今はそんなことをまったくしなくなりましたが、今の方が肌はきれいな気がするから不思議です。

化粧水や乳液、美容液や高価な保湿クリームなど、たくさんお金をかけていろいろ塗っている方もいますが、それが肌にとっていいかといえば、そうとも限りません。

もちろん個人差があるので一概には言えないものの、スキンケアはやり過ぎるより、余計なことをしない方がいいことも多いです。

ですから、私はフェイスパックもしていません。パックをしてリラクゼーション効果を感じている方もいらっしゃるかもしれませんが、どちらかといえば、シンプルなスキンケアの方が、肌はきれいになるような気がしています。

5

自分が持つ量を決めておく

私は東京に住んでいて家も広くありませんから、極力モノを増やさないようにしています。**持つ量を事前に決めている**のです。

特に食器はキッチンの備え付けの棚に入るくらいしか持たないと決めています。レンジの下の小引き出し2段に収まっているので、平均的なひとり暮らしの女性より少ないかもしれません。

それでも、毎回洗って使えば、家族の分の食事にちょうどいいくらいです。

また、すべて同じブランドの同じシリーズの食器で統一しています。

白く洒落た感じの食器なので、簡単な食事でも、そこに載せると華やかになって美味しそうに見えるのです。

同じシリーズの食器は重ねやすく、割れたら同じ種類のものを買えばいいので、いちいち考える手間も省けます。

さらに、クリニックでもそうですが、家の中もモノの置き場所も決めていて、テプラを貼っています。私がいない日でも、どこに何があるかが一目でわかるようになっているのです。自宅はモデルルームのようにあまりモノを置かず、すっきりさせています。

公開してしまいますと、私が払っている家賃は月に7万円です。いかに私が狭い家に住んでいるかご想像できるかと思います。

6

服を減らすと、迷う時間も置き場所も減る

私は洋服をたくさん持つのもやめました。

まず、黒のパンツを夏と冬用に3枚ずつ。それに合わせるトップスをシーズンに4着程度しか持っていません。

パンツを黒にしているのは、一番合わせやすい色だからです。1つのブランドを決めて、くたびれてきたらまた同じパンツを買い替えます（楽天で1本3000円くらいのものです）。

トップスは、アイロンをかけなくてもいい服を選んでいます。

診察の際は白衣を着るので、普段着はこれくらいで十分なのです。

靴も黒にして、動きやすいものにしています。

これらを着回しているだけですから、毎日何を着ようか悩む時間はゼロです。選択肢も少ないので、選ぶ手間がありません。

このように、服をたくさん持たないのは迷う時間を減らすためですが、置き場所を節約したいからでもあります。部屋にタンスや収納棚を置きたくないのです。

下着なども、たとえばショーツは5枚までと決めていて、買い替え期限を決めています。ショーツなどは特に古くなっていると気分も下がるので、買い替えの期限を事前に決めて片付けリストにメモしてしまうのです。

また、旅行の際は使い捨てできるショーツを使っています。綿素材のものは穿き心地にも問題なく、安価なので重宝しています。

私のこのミニマム生活は、浪人時代から始まりました。

当時入った寮の部屋がびっくりするほど狭く、机とベッドでいっぱいという感じだったからです。一応クローゼットはありましたが、3着程度しか入れられない小さなもの。他に置く場所もないから何も持っていけず、結局、3着の服と1足の靴で1年間を過ごしました。

ただ、意外なことにそんな生活も苦痛ではありませんでした。もう後がない状況で、着るものにこだわる時間はなかったのもありますが、もともとモノにはあまり執着がなかったのかもしれません。

私は買い物の際も時間をかけません。ほぼ瞬殺で買うものを決めます。

もしも**迷ったときは「どっちが似合ってますか?」とお店の方に聞いて、それを選ぶ**だけです。

レストランのメニューでもほとんど迷うことはありませんが、初めてのお店で少しでも悩んだら、お店の方にオススメを聞いてしまいます。迷う時間がもったいないからです。

若い頃はたくさん洋服を持っていましたが、やはり経営者になってからはコスト意識が高くなり、常に「本当にこれは必要なのか」を考えるようになりました。

すると、プライベートに関しても厳しい目でチェックするようになります。モノを買うと幸せな気持ちになるため、ある程度は必要だと思うのですが、まだ着られる服が他にもあると思うとそれほど必要ないかなと思うようになったのです。何より、服を減らすと、迷う時間も置き場所も減ります。

そのため、今持っている服についても半年に1回は見直すようにしています。そこで3年着ていない服は妹など周りの人にあげるか、リユースショップに売ります。

ただ、こんなに倹約家な私ですが、取材で人と会う特別なときには、きちんとした服装にしています。

お洒落をしたいときや特別なときに着る服はブランドを決めていて、いつもそのブランドの服を選んでいるので、ここでも迷う時間はありません。バッグはずっと同じブランドのものですし、靴やサンダルも同じものを毎年買い足しています。財布はもう10年くらい同じ種類のものを使っています。1万円にも見える財布なのですが、実は1192円なのです。半年に一度くらい買い替えて、いろんな色を楽しんでいます。

7

さまざまな手間を省く私のミニマム生活

我が家では生活導線を考えて収納も工夫しています。

たとえば、洗濯物を畳んで家族それぞれの収納スペースに運ぶのって、意外と手間になりますよね。

でも、我が家では洗濯物はランドリースペースで完結できるようにしています。

洗濯機のすぐ横に大きな棚を置き、そこに家族の分を入れているので、洗濯後にいちいち畳む手間や、服を畳んで他の部屋に持っていく手間がかかりません。

また、服をそこで脱いで洗濯機に入れ、着るときもそこで着ます。着替えるために他の部屋に行くこともないので、時間の節約になります。

モノの配置にも工夫をしています。

洗濯や洗面所で頻繁に使う洗剤やボディソープの詰め替えなどは前面に置き、風呂場の掃除用洗剤の詰め替えなど、数カ月に1回程度しか使わないものは奥に入れています。生活動線と使用頻度を考えて配置しています。

さらに、お風呂はシャンプーやボディソープなどを浮かせる収納にしています。これは、水垢がつくのを防ぎ、掃除がしやすいためです。

さらに、小さなメイクセットを各クリニックに置いてあります。

私はいつもメイクせずにクリニックに行くのですが、その後、会食や取材などが入ったときのために、簡単なファンデとアイブロウ、マスカラ、小さなアイシャドウなどをミニポーチに入れて置いてあるのです。

初めてお会いする方とノーメイクでお会いするのはやはり躊躇しますが、そのたびにいちいち買ったり、家に帰ったりするのはお金と時間がもったいないです。

また、ドラッグストアにはさまざまなメイク用品がありますが、私は限界までサイズが小さい化粧品、そして安価な化粧品を求めるようにしています。

旅行に行く際は、荷物もできるだけ少なくします。化粧水のボトルなどを持ち歩くのは億劫ですが、そんなときは、100均で買ったコンタクトケースがおすすめです。ここにいつも、ファンデーションを入れています。長い旅行でもそれだけ持っていけばいいので、とてもラクですよ。

8

私が主人に「プレゼントはいらない」と言った理由

我が家のルールにはちょっと変わったものがあります。

それは、「夫婦で誕生日プレゼントを贈り合わない」というルール。

誕生日プレゼントを相手に買ってもらっても、そんなに欲しいものではなかったり、期待外れのものだったりしたらもったいない、という理由からです。それなら、それぞれのお金で本当に欲しいものを買いましょう、ということです。

またよく聞く話ですが、たとえば去年5万円のプレゼントをもらって今年が2万円のプレゼントになったら、「プレゼントの値段が下がった」と不満を感じる人もいるようです。でも、それだと毎年金額を上げていかなければいけないということになりますから、何だかおかしな話だなぁと感じます。

もしかしたらプレゼントを一定額に決めておく人もいるかもしれませんが、その予算内で本当に欲しいものがあるとは限りません。

予算内で無理に考えるくらいなら、我が家は最初からプレゼントはやめてしまおうと思ったのです。

私は主人に結婚指輪もいらないと言いました。

私はそのときの自分が付けたい指輪を付けたいし、いかにも結婚指輪らしいシンプルな指輪はあまり好みではないからです。付けていないのを見て悲しまれるのも困るので、最初から結婚指輪はいらないと主人に言っていたのです。

主人はびっくりしていましたが、そのかわり、毎年の私の誕生日には手書きの手紙と花束をくれます。それだけは本当に嬉しくて、特に手紙は大事にとっています。

それから、我が家では生活費は夫婦で完全に折半しているため、記念日のディナーも割り勘です。どっちが多く出したとか、出さなかったなどのトラブルは一切ないので、お金のことでもめることはありません。

だからこそ、私は女性の自立は大事だと思っています。

自分で稼ぐ力があれば、男性に頼らずに自分のやりたいことをやって、お金のことで困ったり喧嘩したりもなくなります。女性がいざとなったら1人で生きていくためにも、女性の自立を応援したいのです。

9

お金は、使うところと引き締めるところを区別する

私は節約が大好物です。

以前スタッフに「先生ってタクシーで通勤してるんですよね？」と聞かれたことがあるのですが、そんなイメージがあるのかとびっくりしました。私は毎日、徒歩と自転車で通勤していて、タクシーなんてもったいないので年に数回しか乗りません。

ただ、節約するのは好きですが、**お金をかけるものにはお金をかけています。**

たとえば旅行です。

私は旅行が大好きで、死ぬときには思い出しか残らないと思っているため、家族で1泊程度のちょっとした旅行に行く時間はつくるようにしています。また、両親が高齢になってきたので、2人に旅行をプレゼントすることもあります。

自分たちで飛行機旅行に行く場合は、最近ではプレエコノミーか、ちょっと贅沢をしてビジネスクラスに乗るようにしています。若い頃はエコノミーでもよかったのですが、エコノミーとビジネスでは、疲労の度合いがまったく違います。

歳を重ねると、疲れて無理をしてまで旅行に行きたくないと思うようになりましたから、最近は年に3回エコノミークラスで旅行に行くなら、そのお金で年に1回ビジネスクラスで行きたいと主人と話し合って決めました。

とは言っても、やはり私は節約が大好きなので、**ビジネスクラスに乗る際もクレジットカードで貯めたポイントを航空会社のマイルに替えて乗っています。**

実はこれ、超お得な方法なんです！

たとえば、ビジネスクラスで東京とニューヨーク間を往復すると、最低でも80〜90万円程度はかかります（2023年12月現在）。

一方で、クレジットカードのポイントを航空会社のマイルに交換して使用すると、必要なマイル数は往復で10万マイル程度です。

私は普段の買い物では、クレジットカード決済が可能な場所ではほぼクレジットカードで支払っていますし、**税金もすべてクレジットカード払い**にしています。

今は、国の各種税金はクレジットカードで支払えるようになりましたし、地方自治体によりますが、住民税や自動車税、固定資産税もカード払いにできることがあります。税金ではないけれど、国民健康保険料や国民年金保険料もクレジットカードでの納付が可能です。

還元率の良いクレジットカードを選ぶと、税金を含めて年間1000万円ほどのカード支払いで、毎年ビジネスクラスでニューヨークに行けるマイルが貯まる計算になります。［脚注4］

［脚注4］：本稿では2023年12月時点でのビジネスクラスでのマイル数をおおよそ計算して出しています。

もちろん、国内線やもっと近い地域なら、より少ないマイルで行けます。

どうせ納税や毎日の買い物にお金を出すなら、マイルに替えられるクレジットカードで支払った方がずっとお得ですよね。

実際にお金を出してビジネスクラスの航空券を買うのは難しくても、マイルを貯めてビジネスクラスの航空券を手に入れるのはそれほど難しいことではないのです。

こうした旅行で手に入れるのは、穏やかで贅沢な時間、そして心に残る思い出です。

私は、こうした時間を生み出してくれるものにお金を払いたいと思っています。

第4章

人間関係の断捨離術

つながりの大切さに気づく

これまでは時間の管理やモノの片付けなどについてお話ししてきましたが、この章では、人間関係の整理について触れたいと思います。

昔は、どちらかというと人付き合いが苦手だった私ですが、**クリニックを開業してからは、人との関係が特に大切だと思うようになりました。**

なぜなら、開業医は予想以上に孤独だからです。

大きな病院の勤務医として働いているときには体験しなかったような経営上の問題や運営上の課題にひとりで立ち向かわなければいけません。こんなときに他の人はどうしているのだろうと疑問に感じることも多く、自分と同じような立場の方とつながる必要性を強く感じたのです。

そのため、私は開業医コミュニティに参加しました。

それは、関西と東京に耳鼻咽喉科や小児科などを運営する梅岡比俊先生が立ち上げた開業医コミュニティ「M．A．F」です。

ここは、よりよいクリニック経営を目指す意識の高い開業医の先生たちが経営について学び合うコミュニティです。2023年11月現在、85名以上の開業医が参加する日本最大の開業医コミュニティになっています。

このコミュニティに入っていると、全国の開業医の先生たちと交流できて一緒に学ぶ仲間ができるだけでなく、クリニック経営についての悩みを共有したり、相談したりできるのも大きな魅力です。

M.A.Fでは、グループワークで他の先生たちと経営の悩みを共有し、皆で解決策を探っていきます。

私も、困ったことがあったら恥ずかしい気持ちを捨てて質問するようになりました。すると解決策がわかるだけでなく、これまでは無理だと思っていたことが私にもできると思えるようになるなど、意識改革にもつながっています。

このコミュニティでのリアルな経営セミナーは年に4回ですが、フェイスブックグループのページがあり、そこに悩みや課題などを投稿すると、メンバーが考えて答えてくれるのです。

また私は月に1回程度、そこで知り合った先生たちのクリニックを見学させていただき、そのクリニックがなぜ流行っているのかを学んでいます。

このコミュニティでの人脈は私の大きな財産になっております。今まで知り合えなかった先生たちと交流することで、私自身の視野も大きく広がりましたし、他のクリニックの症例や事例を学べるので、とてもためになるのです。

メンバーとのつながりは、他では得られない大きな心の糧です。

ですから、私は「M．A．Fに入会すると、人生が激変する！」と、周囲の先生たちにもすすめています。

最近は、私も会う方が自分より年下という機会が増えてきました。

医師同士の食事会などに行って開業医の方たちと会うことも多いのですが、以前は私が「教えてください」という立場だったのが、最近は私より年下の相手も増えてきて経営のコツなどを聞かれることが多くなりました。

そんなときは私にわかることであればお伝えするだけでなく、「それなら、この先生に聞いたらもっとわかるよ」ということがあれば、積極的に人と人をつなぐようにしています。また「この先生とこの先生は話が合う」と思うときにも、おつなぎしています。

自分が開業したとき不安でたまらなかったので、自分より若い人には、問題解決のためのお手伝いをしてあげたいと思うのです。

また、M．A．Fの他に、医療経営大学という経営スクールにも参加しています。

ここは有明こどもクリニック院長の小暮裕之先生が主催されているスクールで、全国各地から志の高い開業医の先生たちが参加しています。ここでも経営について学べるだけでなく、心強い仲間を得られる場で私も意欲的に参加しています。この会は朝から晩まで1日かけてディスカッションをしたり、他のクリニックの取り組みなどを学ばせていただいております。

このように、とにかく私の周りにはモチベーションの高い人が多いのですが、それはM.A.Fや医療経営大学などに参加しているからこそ得られた環境です。

やはり、**自分を伸ばす環境は自分でつくる**ことが大切なのです。

POINT

自分を伸ばす環境は自分でつくる。

人間力を高める
コミュニティの力

私のところにも、開業医を目指している方やクリニック経営の相談に乗ってほしいという方がたくさんいらっしゃるので、できるだけお答えするようにしています。

そんな方には、とにかく「できるだけ、いい仲間を増やした方がいい」という話をしています。

開業医の方が皆、口にするのは、開業医にしかわからない悩みがあるということです。開業しなければ直面しなかった問題がたくさんあるからです。それは勤務医の先生に聞いても答えは出ませんし、ましてや他の職業の方にはわかりません。

患者さん対応やスタッフ対応でも、いろいろな問題や課題が出てきます。それらにどう対応するのか。同じような悩みを持った人であれば、これは良かったけど、これはやらない方が良かった、などと共有できるのです。

やはり同じような問題に直面して乗り越えてきた人の意見を聞いた方が、解決策がわかることも多いので、開業するのであれば同じ境遇の仲間をつくって大変なことや辛いことを共有し、先人たちの知恵を借りた方がいいということです。

私は、そのために医療経営大学やM．A．Fに入っています。

実は、どちらも最初は費用が高くて、しばらくためらっていました。どちらも、年に数百万円の費用がかかります。

だから最初は「なんて高いの⁉」と驚きましたし、その価値があるのかという疑問もありましたから、入会するまでに時間がかかってしまいました。

でも、思い切って入会してしばらく経つ今は、高いとはまったく思わなくなりました。

そこにお金を払ったからこそ、志の高い先生たちと出会えたのです。

その方たちの素晴らしさを学び、仲間として一緒に成長していけるだけでも、お金を払った価値は十分にありました。

仲間内ではよく経営やスタッフの成長の話などをして情報交換するほか、お互いにいいと思った本をシェアするなど、有意義な時間を過ごしています。

それだけでなく、仲間たちは私の背中を押してくれて、より高い次元に踏み出せるよう導いてくれます。素晴らしい仲間の存在が私の飛躍につながっているのです。

私は基本的には節約が大好きですが、**自分を成長させてくれる投資には、惜しみなくお金を払います**。

知識や経験、人脈は、将来の自分にとって大きな財産になるからです。

POINT

自分を成長させてくれる投資にはお金を惜しまない。

自分にとって特別な人との時間を大切にする

つながりと言えば、私にとってもっとも大切なのは主人との時間です。

主人とはお互いに尊敬し合える関係で、実は出会ってから喧嘩は一度もしたことがありません。

何事にも前向きな主人は、私に毎日**「今日はどんないいことがあったの？」**と聞いてくれます。「今日はどんなことがあったの？」と聞かれるので、私も自然と「いいこと」だけを思い出すようになりました。「今日はこんな人と会って、こんなことがあってね」と、何とかいいことを思い出そうという気になるのです。

そんな主人と出会ってからは、私もどんどんポジティブになっていきました。

主人の口から誰かの悪口を聞いたことは一度もありませんし、家に帰ってくるときも必ずニコニコしながら「ただいま～！」と帰ってきます。毎日不機嫌な顔で帰ってこられたら、こちらまで気が重くなりそうですが、主人は毎日上機嫌で帰ってくるので、こちらまで笑顔になってしまうのです。そのため、私も極力テンションを上げて「ただいま～！」と笑顔で帰るようにしています。

そういえば、こんなこともありました。

主人が以前、一緒にいるときに営業の電話をしていて、終わった後、私がつい「さっきの言い回し、こう変えた方がいいんじゃない？」とアドバイスをしたことがあったのですが、主人はそんなときもムッとせず、「確かにそっちの方がいいね。教えてくれてありがとう！」と素直に受け取っていました。

そういうとき、自分の主人ながら素晴らしい人だなと心から思うのです。家族になると身内の意見を聞かなくなる人もいますが、そんなときも相手のアドバイスを快く受け取れるのが鷹揚な主人らしいところです。

やはり豊かな人生を過ごすためには、心から素敵だと思える人と一緒に過ごす時間をたくさんつくった方がいいと思うのです。

人生の時間は限られています。

自分と合わない人や一緒にいて楽しくない人、自分の価値を下げるような人と過ごす時間はありません。それでも大事な人といる時間は案外短いからこそ、私は主人がそばに居てくれることにいつも感謝しているのです。

ジブラルタ生命が運営している「いっしょの時間」というＷｅｂサイトがあります。

これは、残りの人生で、大切な人と一緒にいられる時間はどのくらいなのかを計算してくれるサービスです。実際に計算してみると、「たったこれだけ……？」と衝撃を受けました。

大切な人と一緒にいられる時間はごくわずか。まずは、本当に大切な人や自分にとって特別な人、自分をより良くしてくれる人は誰なのかをよく考えることが大切だと思います。

また、そうした人との時間を喧嘩などで台無しにしないよう、お互いに気をつける必要もあります。

夫婦でもお互いに尊重し合い、感謝することが大事です。私は主人が何かやってくれたときにも「してもらって当たり前」とは思わないようにしています。

時々、「なんであなたは○○してくれないの？」という言い方で相手を責める方がいますが、相手を責めても相手は変わりません。それより、何かをやってくれたときに褒めた方が相手も嬉しくなって、またやってくれるはずです。

そういえば、私は血流を促進してくれる着圧タイプのストッキングを穿くのですが、それを違う棚に入れられると普通のストッキングと見分けがつかなくなります。

そこで、普通のストッキングと着圧のストッキングの場所をラベリングして誰でもわかるようにし、さらにストッキングの畳み方を主人にも教えました。まるで子どもに教えるように、「はい、今から一緒にやりますよ！　こうやって畳んでくださいね。すごい!!　よくできました！」と褒めながらレクチャーしたところ、主人もちゃんとできるようになりました。

やはり、**相手を責めるより、褒めたり感謝したりする方が、相手も心地よく受け入れてくれる**のではないかと思います。

また、主人は家族の洗い物をしてくれるのですが、毎回「ありがとう」と笑顔で感謝するようにしています。

以前、旅先で70代らしきご夫婦が「○○ちゃん」「××くん」と呼び合いながら仲良さそうに歩いている姿を見たことがありますが、それが私の理想なのです。

私は、歳を取ってからもそんな夫婦関係でありたいと思っています。

POINT

自分にとって大切な人と過ごす時間を取る。
相手を責めるよりも感謝する。

愚痴を言う人より、自分を高めてくれる仲間を選ぶ

私が人間関係で手放したのは「合わない人間」です。

よく女性同士で大人になってから喧嘩して仲違いする方がいますが、私はそもそも自分とコンフォートゾーン（居心地のいい環境や精神状態）が異なる方と食事を取ることも、自分から連絡を取ることもしません。

私のコンフォートゾーンは、ワクワクすることや自分を高めてくれること、プラス思考で生きること。だから、その反対にいつも周囲の愚痴を言っている人や、他人の悪口を言っている人、人の噂話をしている人とは合わないと思うのです。

「○○さんってどんな人？」と聞かれたときに真っ先に悪口を言う人もいますが、そういう人って他人の悪いところばかりを見ていますよね。きっと私の悪口もどこかで言っているはずですから、少し距離を置くようにしています。

もちろん「あの人ってどんな人？」と聞かれたとき、残念ながら1つも褒める部分がないと思う人もいるかもしれませんが、そんなとき私は「本人と会ってから決めたらどうかなぁ？」と言うようにしています。

いろいろな見方があって、いいことを言う人もいるし悪いことを言う人もいるから私は何とも言えないけれど、自分で会ってから決めたら？　と。

その人を素敵な人と思うか、自分には合わないと思うかはその人次第だからです。

それから、私はパートナーや家族の悪口や愚痴を言う人とも距離を置くようにしています。

そういう人は、きっと悪口を言い合って共感し合える仲間が欲しいのかもしれませんが、私は共感できないし、人の悪口は聞いているだけで憂鬱になります。

世の中には人の悪口を言う人もいれば、面白い話をする人もいます。いろいろな人たちがいるけれど、私はせっかく会うなら、面白い話や気分が高揚するような話をしたい。

人と会うときには、パッションや幸せを感じるような話をしたいのです。

最近は、私も主人の影響なのか、友だちと会うとき「最近、何かいいことあった？」と聞くようになりました。「何か嫌なことあった？」と聞けば、きっと嫌な話が出てきますが、「いいことあった？」と聞くと、前向きで楽しい話題になるのです。

「何が楽しかった？」とか「どこかいいところに行った？」という質問もします。すると、「これが楽しかったよ」とか「旅行に行くなら、あそこがおすすめ」という話になるので、とても盛り上がります。

また、私は行きたくないと感じた飲み会は無理せず断るようにしています。

私は仕事も会食も帰る時間は遅くても23時までと基本的には決めています。

会食に行くメンバーも私が23時には帰宅したいことを知っているので、お店に着いたとき店員さんに「今日は23時に主人が迎えに来るので、すみませんが、それまでに私の分のお料理を出してもらえますか?」と言って、先に帰らせてもらう手配を取っておきます。

お酒を飲む方は長く楽しめるかもしれませんが、私はお酒を嗜む程度しか飲まないので、基本的には楽しい話をしたら、翌日の仕事に影響が出ないように帰るようにしています。

私は、人付き合いは好きですが、できるだけポジティブで楽しい人間関係を保ちたいと思っています。

そのために自分自身で人間関係を整理して、合わないと思う方とは距離を取っているのです。無理をして周りの人間関係に合わせて文句を言うくらいなら、最初から自分がいいと思えるような人間関係をつくればいいと考えるからです。

何より、プラス思考の人と一緒にいると、自分もプラス思考になっていきます。

昔は私の周りにも誰かを妬む人や悪口を言う人もいたのですが、歳を重ねるうちにそういう人とは一緒にいたくないという思いが強くなってきて、なるべく関わらないようにしていたら、次第に周りがプラス思考の方ばかりになっていきました。

そういう方と一緒にいると、こちらまで前向きになり、明るくなります。

特に今は、主人や開業医の仲間など、周りにいるのはポジティブな方ばかりです。

そうすると、自分だけで解決できないことにも良いアドバイスがもらえますし、幅広い体験をしている方が多いため、私が抱えている悩みも小さいと思えるようになってきます。やはり自分に持っていないものを持っている方や、自分より上のステージの方と一緒に過ごすことで、自分もどんどん成長していくように思うのです。

だから、私は素敵だと思う人がいたら声をかけなきゃ損だと思っています。

SNSやYouTubeなどを見ていて「この方、素敵だなぁ」と思ったら、女医さん限定ですぐに連絡を取ります。そして、遠方でも会いに行けるときに会いに行きます。

先日もインスタで素敵な女医さんをお見かけして連絡をしたら、実際に会えることになり、大阪まで会いに行きました。私は好奇心の塊なので、まるでナンパのように知らない女医さんでも自分から声をかけて「会ってください」と言うのですが、意外と会ってくださる方が多くて驚きます。そうやって、私は全国に女医友だちを増やしています。

また、私には20年以上、仲良くさせていただいている親友がいるのですが、まるで家族のように旅行もご一緒したり、メンターのような存在で、心から尊敬できる方です。お互いに性格はまったく違うけれど、どんな話をしても面白いし、いつも刺激をもらえるのです。

このように、周りは尊敬できる方ばかりで人間関係に疲れることはありません。

親や職場の人間関係は自分で選べないこともありますが、それ以外は、本当に自分に合う人や自分を高めてくれる人を選ぶことが大切です。

POINT

愚痴や悪口を言う人とは会わない。
自分を高めてくれる人、尊敬できる人には自分から声をかける。

人から褒められたら、素直に受け入れる

パートナーの悪口や愚痴を言う人もいますが、身内をけなす人もいますよね。

日本には、必要以上に自虐したり、身内をけなしたり謙遜するという文化があるけれど、妻が夫のことを罵るように話し、夫も妻を他人に紹介するときに下げて話すというのは、とても悲しいことだと思うのです。

なぜ自分に一番近しい人をけなすのでしょうか？

「私なんて」「うちなんて」と自分や身内を下げることで相手を立てるというのが謙遜の文化ですが、私は誰かが自分の旦那さんや奥さんを悪く言うのを聞いても、いい気持ちなんてまったくしません。むしろ嫌な気持ちになってしまいます。

実際、夫への文句が多かった友人とは、次第に距離を置くようになりました。

こうした謙遜の文化も、私にとっては手放したいことのひとつです。

私は「ご主人ってどんな人？」と聞かれたら、「爽やかで、笑顔が素敵な、誰とでも仲良くできる人だから1回会ってみて！」と言ってしまいますし、主人が褒められたときは「私もそう思う」と素直に言います。

実際にそう思うからですが、自分が選んだ人だからこそ、主人の素晴らしいところを人にも教えたいと思うのです。

これは自分が褒められたときも同じです。

私は褒められたときは素直に「ありがとう」「嬉しい」と返しています。

なかには、褒められたときに「そんなことありません」と否定する人もいますが、**相手はいいと思って褒めてくれたのに、それを「いえいえ」と打ち消したら、相手は否定されたような気持ちになってしまうでしょう。**「せっかく褒めたのに……」と残念に感じるかもしれません。

それよりも「ありがとうございます！　とっても嬉しいです♪」とお礼を言って素直に喜ぶ方が、相手も微笑ましくなるのではないでしょうか。

それに、頻繁に「私なんて」と口に出す人は、自信や成功体験が乏しいと思われても仕方ありません。また、あまりに謙遜ばかりしていると、言い訳ばかりしているネガティブな人だと思われてしまう可能性もあります。

それよりも人から褒めてもらった言葉は素直に受け入れ、それは自分のいいところなんだと自覚して、さらに伸ばしていけばいいのではないでしょうか。

POINT

人から褒めてもらった言葉は素直に受け入れて、さらに伸ばす。

人と競うのではなく、自分と競う

この章の最後に触れたいのは、他人と自分の比較についてです。

先ほど述べたように、昔は周りに人を妬む人がいたのですが、人を妬んでも、人を蹴落としても、1ミリも自分のためにはなりません。

私は、**誰かと闘うのではなく、自分と闘う**ことが大事だと思っています。

私がボディバランスを整えているのも、他の誰かになりたいからではなく、自分の理想を叶えるためです。だから、必死で今の自分と闘っているのです！

ただ、競合相手やライバルはいた方がいいと思っています。

なぜなら、**競合相手がいることによって自分の強みがわかる**からです。

相手と自分を比べることで相手とは違う自分の強みに気づくことがあります。「相手は〇〇ができるけど、自分はできない」ではなく、「相手は〇〇ができるけど、自分には△△ができる」と考えればいいのです。

なぜなら、その人なりの良さは絶対にあるはずだからです。

それを知るためには、周りの人と自分の違いについて考えてみることが大事です。

たとえば私なら、親から引き継いだわけではなく、自分でクリニックを3院立ち上げていることや、借金なしで経営していること、女性で子どもを持つドクターであり皮膚科専門医であること、美容皮膚科ではなく、男性医師の多い一般皮膚科で開業していることなどです。私はそれらを自分の強みだと思って、経営に活かしています。私はすごい人間でもないし、ダメなところもいっぱいあるけれど、こんなふうに何とか自分の強みを見つけて、そこを活かそうとしているのです。

自分の強みを見つけるということは、誰かと張り合うことや、誰かと比べて落ち込むことではありません。自分は自分であって、他の誰とも違うのです。

だから、すごいと思う人や素敵だと思う人に対しても、妬むことはありません。もちろん素敵な人がいたら、私は素直に羨ましいと思います。

容姿もきれい、頭もいい、性格もよくて仕草もかわいい。そんな人を見たら、私も自分に合った仕草を工夫してみようと思うのです。

何よりそういう素敵な方を見ると、私は「わぁ、素敵！」と気分が高揚します。素敵な方は周りの人を奮い立たせてくれるので、素直にありがたいと思うのです。

周囲に素晴らしい方がいたら張り合うのではなく、その相手のいいところを自分なりに取り入れてみることをおすすめします。

POINT

誰かと競うのではなく、自分と競うことが大事。

第5章

手放すことで、前向きな自分を手に入れる

ネガティブ思考を手放す

最後の章では、メンタル面で手放した方がいいものについて触れていきます。

私が人生で一番手放したいと思っているのは、ネガティブ思考です。

今ではポジティブな考え方に変わった私ですが、以前は大病をしていた時期もあり、頻繁に「疲れた」という言葉を発していたこともありました。

そんな私を変えてくれたのは、超ポジティブな主人の言葉でした。

ある日、「疲れた」ばかり言っている自分が嫌になり、毎日にこやかに過ごしている主人に相談したところ、こう言われたのです。

「『疲れた』じゃなくて、『今日は頑張った!』って言ったらいいよ」

その言葉にハッとした私は、それ以降は疲れているときに「今日、私は頑張った!」と言うようにしました。すると本当に前向きな気持ちになってきたのです。

疲れているのは事実。でも言葉を言い換えることによって、自分自身だけでなく周りの人もポジティブな気持ちになります。

それ以外にも、言い換えるだけで前向きになる言葉はたくさんあります。

たとえば、「私はダメだ」ではなく、「まだ伸びしろがある」。

今はできないことも、まだまだこれからできるようになる、ぐんと成長する余地があるのだと思えば、もっと頑張ろうという気持ちが湧いてきます。言葉ひとつ変えることで精神状態も行動も変わってくるのです。

どんな物事や現象でも、**ネガティブな面ではなくポジティブな面に注目するクセをつける**と、徐々に前向きな見方ができるようになっていきます。

その反対に、ダメかもしれないと思ったとき、それを実際に口に出したら本当にダメになってしまう気がしませんか？　よく「どうせダメだから」が口癖の人がいますが、それを聞いている自分自身がネガティブな影響を受けてしまうのです。

それから、私は人から何か注意されたり指摘されたりしたときは、**「気づかせてくれてありがとう」**と思うようにしています。

もちろん言われたときは気分が落ち込みますし、「なんで、この人にそんなことを言われなければいけないんだろう……」と思うこともあります。

でも考えてみれば、結局は私が相手にそう思わせてしまったわけですから、自分に至らない部分があったと言えます。だから、その部分に気づかせてくれたことに対して感謝しようと思うのです。

何よりクリニックを経営していなければそうした経験をすることもなく、もっと無難な人生を送れたかもしれませんが、それで自分が満足できるかといえばそんなことはありません。試練がたくさんあるからこそ、人は成長するし、人生が楽しいと感じられるのです。

ですから、他人から見たら失敗に思えることでも、私にとっては失敗ではなく、「じゃ、次はこうしよう。こんな経験をさせてくれてありがとう」と考えます。捉え方ひとつで、それは失敗ではなく、自分を成長させてくれる糧になるのです。

ですが、こんな私でも落ち込む日がないわけではありません。

クリニックを経営していると、自分だけではなくスタッフや代診医師のことも考えなければいけませんから、大きな責任感が伴います。試練が大きい分、「もう無理だ」なんて思うこともありました。

そんなとき、私はいろいろ悩む前に寝てしまいます。

年に1、2回くらいは「今日はもうダメ……」と心身ともにダウンしてしまう日があるのですが、そんなときは無理をせず、家族に理由を話して寝室で1人になり、布団をかぶって寝てしまいます。

それを2、3日続けているうち、私のなかでムクムクと「何とかせねば！」という気持ちが湧いてくるのです。

ただ、そうして落ち込んだときもネガティブな面に注目するのではなく、ポジティブな面に注目して、今の自分が置かれている環境に感謝するようにしています。

大好きな主人が今日もそばにいてくれてありがたいとか、愛犬がかわいくて嬉しいとか、そうした日常の些細なことです。

それらは当たり前のことに思えるかもしれませんが、それが「当たり前」ではなかったこともありました。

それに、どんなに辛い状況でも命まで取られたわけではありません。

今の自分にないものではなく、今あるものに感謝して、まずはやれることをやろうと自分を励ますのです。

道を歩いているときにきれいな草花の緑を見て「今日はついている♪」と思うこともあります。

私はこれまで目の病気をたくさんしてきているため、緑がきれいに見えない時期もありました。でも、今は雨が降って葉についた水滴が美しく見える日もあれば、太陽の光を受けた葉がきらきら輝く様子に目を奪われる日もあります。

そういうときは自分の心も穏やかに整っている気がして、緑がきれいに見えるだけでも、「今日の私はついている♪」と思えるのです。

POINT

「私はダメだ」ではなく、「まだ伸びしろがある」と考える。
ネガティブな面ではなくポジティブな面に注目するクセをつける。

怒りの感情を手放す

私は普段、怒ることはほとんどありません。クリニックのスタッフに対しても家族に対しても怒らないので「どうして全然怒らないんですか？」と聞かれることもあります。そんな私も、子どもの頃は癇癪《かんしゃく》持ちでしたし、若い頃も相手に怒りをぶつけて泣くことがありました。

でも、自分の怒りを客観的に把握して制御するアンガーマネジメントを学び、1年ほど実践し続けた結果、怒りの感情をコントロールできるようになったのです。

怒りというのは、基本的に「自分の気持ちをわかってほしい」という欲求から起こります。でも、ただ怒っているだけでは現状は変わりません。

もちろん、怒りを表明することで周囲が考え直して、状況に変化が起きるかもしれません。そのように「あえて、こちらの怒りをアピールする」ために怒った方がいいこともあります。

ただし、たいていは怒るだけでは状況が良くなることはないし、人間は自分が変わろうと思わない限り変わりませんから、こちらがいくら怒っても他人は変えられません。また誰かを恨んだり憎んだりしても、何かが解決できるわけでもありません。

ですから、**怒りの感情にとらわれる時間はムダでしかない**と思っています。怒る感情を捨てて、【許しましょう】。許す感情を持つことが、人生の質を高める一番いい方法だと思います。

また、怒っている相手がいるときには、その相手を責めても逆効果です。

クリニック経営をしていると、どうしても患者さんからさまざまなご指摘をいただくこともあるのですが、昔はご指摘をいただくと、私はいちいち落ち込んでいました。

でも、そんな私に主人は「相手の立場に立ってみたら」と言ってくれたのです。怒っている人がいたら、その人の立場に立って、その気持ちを考えてみて共感ポイントを探したらいいというのです。

実際にやってみると、相手がなぜ怒っているのかが理解できるようになり、辛い時期を乗り越えられたこともあります。

どんなときも、けっして相手を責めず、相手の立場に立ってみる。そして丁寧に対応すれば、共感できるポイントが見つかり、歩み寄れるようになると思うのです。

相手を責める気持ちを手放すことで、自分の気持ちもラクになるはずです。

また、どうしてもイライラが収まらないときは、相手にぶつけるのではなく、10分くらい辺りをぶらぶら歩いてみるのもおすすめですよ。これは以前、私がよく実践していたことです。怒りの感情とともに自宅の周りを10分ほど歩くと、時間とともにその感情が薄れていきますので、ぜひ、皆さんもやってみてください。

POINT

どんなときも相手を責めず、相手の立場に立ってみる。

現状維持こそ、最大のリスク！

私はもっと良くなると考えているからこそ、新しい挑戦をし続けています。

現状維持こそ、最大のリスクである。

これはユダヤ教の諺だそうです。

現状を維持するということは、今のまま変わらないということ。でも、今のままでいいと思っているうちに時代や社会はどんどん変化していって、いつの間にか時代遅れになってしまいます。「今のままでいい」では、けっして成長できないのです。そして失敗しないことばかり考えていると、何もできなくなってしまいます。

そんな私が今、挑戦しているのはパソコン操作です。

仕事でもYouTubeやインスタの投稿でもパソコンは欠かせませんが、私はパソコンの操作に苦手意識があるので、月に1回パソコンの先生について勉強しています。

でも、2時間も新しい知識を教えていただくと、頭がパンクしそうになります。

私が「苦手」という言葉ばかり使っていたら、あるレッスンの日、先生がこんなふうにアドバイスしてくださいました。

「自分は苦手だと思うとマインドブロックになってしまうから、『**私は知らなかっただ**

け。教えてもらってなかっただけだ』って思った方がいいですよ。そうするともっと成長できるし、少しでも成長を感じられたら、パソコンも楽しいと思えるようになりますよ」と言ってくださったのです。

マインドブロックとは、知らず知らずのうちに自分で制限をかけてしまう状態のこと。マインドブロックがあると、「自分はできないに決まっている」という思い込みにつながり、行動できなくなってしまいます。

実際にその通りだと思います。苦手とは思い込まず、単に知らないだけだと思えば新しいことに挑戦していくことができるのです。

以来、自分はパソコンが苦手という意識は手放し、わからないことがあっても「新しいことを知ることができた。ラッキー！」と感謝するようにしています。

POINT

「今のままでいい」という思考では成長できない。
苦手という思考を捨てて、新しいことを学んでいる最中と捉える。

自信がないときはプチ成功を積み上げていく

時々、若い方から相談されることがあるのですが、「自分に自信を持てない」という方は意外と多いようです。

もしも今、自分に自信がないなら、まずは「できた！」という体験を積み上げていくことが大事です。

大成功でなくてもいいし、目立つ功績でなくてもいいのです。むしろ、いきなり大きな成功を目指すと、難しくてなかなか達成できないため、「失敗した。やっぱり自分は何をやってもダメなんだ」という無力感につながってしまいます。

そうではなくて、**ちょっとしたプチ成功を目指す**。すると達成できたときに「自分はできる！」という自信がついて、次の目標にも挑戦できるようになります。それが達成できたら、さらに自信がついて……というように、**プチ成功が積み重なっていくと、自分への信頼につながっていきます**。

たとえば、マイナス3キロのダイエットに成功したとか、目標額の貯金を貯められた、資格試験に合格した、SNSで発信を始めたなど、何でもいいのです。

まずは自分なりに何かを頑張ってみればいいと思います。

そして自分に自信を持ち、自分を好きになってほしいのです。

自分に自信がないけれど、何をしたらいいかわからないときは、勉強して何らかの資格を取るのもいいと思います。

私も、自分に自信を持てない時期がありました。

大きな病院を辞めたときです。

当時の私は、皮膚科専門医の資格を取るため、その病院で頑張っていました。専門医になるためには、指定病院で診療実績や手術実績、論文発表、学会発表などの経験を積むことが求められるからです。

ただ、事情があってその病院を辞めたとき、私はすっかり自分に自信をなくしていたため、もう専門医の資格を取るのもやめてしまおうかと思っていました。

でも、それを引き止めてくれる恩師の先生がいたのです。

「諦めるのはいつでもできるけど、苦労した人間じゃないとわからない世界もある。まだ道はあるんだから、諦めるな」と言って。

その言葉に励まされた私は、皮膚科医になった以上はちゃんと専門医資格を取ろうと決めました。

そこでもう1回、別の大きな病院に入り直し、地道に診療実績や手術実績をあげ、論文を書いて学会発表もして、無事に専門医資格を取りました。
恩師の言葉で、私は専門医になるために頑張れたのです。

自分に自信がないとき、前に進めないと思うとき、こんなふうに良質なアドバイスをしてくれる恩師や友人も大きな力になってくれるはずです。

ぜひあなたも、自分にとっていい影響が出るような前向きな友人や師匠を探してみてください。どんなに時間がかかっても、価値あるものとなるでしょう。

POINT

まずは小さな成功を積み上げていくことから始める。
自分が前向きになれるような友人や師匠を見つける。

イメージの力が自分を変える

私は今年から開脚ストレッチを始めました。1時間ほど脚をメインにしたストレッチをするのですが、なぜ始めたのかというと、単に「脚が開く自分になってみたい！」という思いがあったからです。

もともと股関節がすごく固かったので、まだ完成形には達していませんが、だいぶ開けるようになってきました。1年前の自分は本当にわずかしか開けなかったのに今はここまで開けるようになった、来年はきっともっと開けるはず……と、少しずつ進歩を感じられるのが嬉しくて。最終的には「開脚180度」を目指しています。

私には「こうなりたい」というセルフイメージが明確にあるので、それに近づけるように頑張っています。

いろいろなことを通して昔はできなかったことが1つずつできるようになっています。そんなふうに進化し続ける自分であることが嬉しいのです。

大事なことは、**なりたい自分をイメージする**ことです。そのためには自分を客観的に見ることも大切です。

それで始めたのが、ボイトレ（ボイストレーニング）です。

ボイトレと言っても、別に歌手を目指しているわけではありませんよ。私のボイトレの先生は、私を客観的に見ながら「演出プラン」を考えてくれる先生なのです。

医師は患者さんと向き合って説明をしますし、講演会で大勢の前で話すこともあります。ありがたいことに、メディアで取り上げていただくことも増えました。

そんなとき、声の出し方や姿勢、目線、表情、口調、テンポなどによって、相手の受ける印象は大きく変わってきます。それを総合的に見ていただくのです。

そんなボイトレの先生は山田光剛さん、通称「ミッツ先生」[脚注5]です。

このスクールに通う方には、もともとドクターや弁護士などの士業の方々や経営者、それにトップセールスマンの方が多いのですが、以前ある方に「何か新しいことを始めてみたいな。何か面白いことないかしら」と聞いたとき、「ここに行ったら、きっと世界が変わるから行ってみてごらん」と紹介していただいたのです。

その言葉を信じてよかったと思っています。行ってみたら、本当に世界が変わったからです！

ミッツ先生のレッスンでは最初にカウンセリングが行われ、その人が人生で何を大切

［脚注５］：リーダーズ・ボイススクール「voicease」
https://voicease.com/

にしているかを聞かれます。自分でも考えたことがなかった人生観や家族関係について深く掘り下げていくのです。

たとえば私の場合、自分では気づかなかったのですが、主人の話をしているときが一番ニコニコしているそうです。「うちの主人はこんな人で」と話しているときがすごく楽しそうだから、人前で話すときも旦那さんと話をしていると思って話しなさいというのです。そうすれば気分も高揚して、君の一番いい笑顔が出るから、と。

こんなふうに、先生は一人ひとりの人生観を踏まえた上で、総合的に全体像を見てくださいます。

表情についても、私は目元がきつく見えて人によっては怖いというイメージを与えかねないので、常に明るい太陽のオーラをイメージして、優しい表情をつくるよう意識した方がいいというアドバイスをいただきました。

こうした表情や目つきから受ける印象は重要ですが、自分ではなかなか気づけません。友人や家族にも言ってもらえませんから、第三者の視点で言ってくださる方がいると、こちらも素直に受け入れられます。

また、断定的な言い方を避けるとか、語尾が上がり過ぎている、身振りや手振りをつける、声に抑揚をつけるなど、普通であれば指摘してもらえないようなことも指摘してもらえます。

こうしたスクールは貴重なので、私が開業医の仲間たちに紹介したところ、数十人もの方が入会したそうです。

そういえば、このスクールのおかげで、私も羞恥心やコンプレックスから解き放たれることになりました。

実は、私はカラオケが大の苦手だったのですが、ボイトレを始めて1年ほど経つと、だんだん自分の声が好きになってきて声を出すのもラクになり、最近はカラオケにも行けるようになったのです（家族と一緒なら、という条件つきですが……）。

別にカラオケが上手になりたいわけではないけれど、自分の声に自信を持てるようになると、やはり人前で話すのも得意になります。

今は、SNSやネットなどを通して、大勢の方から見られる機会が増えました。

ミッツ先生には、私のYouTubeの映像を見てもらって、批評していただくこともあります。

人から見られることに苦手意識を持つ方も多いかもしれませんが、今の時代は「人からどう見られるか」を意識して、客観的に自分自身をプロデュースすることも求められていると思います。

そのためにも、私にとってこのボイトレは重要なのです。

POINT

なりたい自分をイメージする。
「人からどう見られるか」を意識してみる。

願えば、必ず叶う！

なりたい自分を具体的にイメージしてそれを目指していると、不思議なことに人はそのイメージに近づいていきます。働き方も、生活スタイルも、結婚相手も、具体的な理想像を明確に描いていると、それに近づいていくのです。

たとえば、明るくて人柄のいい人をパートナーに求めれば、そういう人を探すようになりますから、そういう人と知り合う確率も高くなります。

私自身、「結婚するなら、性格が明るくて人の悪口を言わず、私の友人とも仲良くしてくれる人がいい」という具体的なイメージを描いていたら、そういう人と出会い、無事に結婚することができました（出会ってから1年ほど私の方から猛アピールしたのですが）。

浪人しているときも、辛いことはありましたが「この1年を乗り越えたら、どんなにキラキラした自分が待っているんだろう」という思いの方が強くありました。

漠然と「大学に合格したい」と思っているよりも、**具体的なイメージを心に描いた方が、実現する力が湧いてくる**ような気がするのです。

ただ不思議なことに、実際には、いつの間にか自分の理想像を超えてしまうことも多いです。

たとえば、私は今年43歳ですが、33歳のときの自分が考えていた10年後の理想像をはるかに超えています。33歳の私が今の私を見たら、「3つもクリニックをやってるの？ それなのに、他にもよくいろいろやってるわね！」とびっくりするでしょう。最近はテレビにも出させていただくようになりましたが、そんなことは10年前には想像もしていませんでした。

きっと今から10年後の53歳の自分は、今から想像できないぐらい面白い人になっていると思うのです。

だから想像できないにしても、将来はこうなりたいという理想像を常に持って、それを目指すようにしています。

人間にとって思い込みの力は非常に大きく、「自分はこうなる」と繰り返しイメージすることで意識や行動に変化が表れるからです。

「願えば、必ず叶う」

これは私の座右の銘です。誰かの言葉ではなく、受験で苦しんでいたときにずっと心のなかで唱えていた言葉でした。「医者になれると信じていたら絶対叶うから、頑張ろう」と思い続けていたのです。

夢を叶えるには、やはり自分を信じて、具体的な理想像を持つことが大切だと思います。

それから、「自分は運がいい」と思うことも良い効果をもたらします。

実際には、運がいいか悪いかはその人の捉え方次第です。同じ出来事があったときに、ポジティブに捉えるか、それともネガティブに捉えるかというだけの問題です。私は今まで思い描いた夢はほぼ叶えていますし、大事な家族もいます。

でも、大きな挫折や病気もありました。生きているのが辛いと思った時期もあります。また浪人もしています。

世間的には、浪人にはネガティブなイメージを抱く方が多いかもしれませんが、私は浪人したおかげで勉強の楽しさを知り、目標達成型人間になれたのです。

そういうこともすべて含めて、私はとても運がいいと思っています。

普段から、「自分は運がいい」と思っていると何事にも前向きになりますし、多少失敗したとしても、「自分は運がいいから大丈夫。次はきっとうまくいく」と前向きな気持ちで立ち上がることができるのです。

チャレンジする機会を増やせば、当然のように成功する確率も高くなります。

だからこそ、まず**「自分はついている、運がいい」と思い込むことが重要**です。

もしも今、自分はついていないと思う方がいたら、朝、歯を磨きながら鏡に向かって「私はついている、私はついている」と笑顔で言ってみることをおすすめします。思い込みの力をうまく利用するのです。

自分は「ついている！」と繰り返し思っているとツキが回ってくるはずです。

POINT

自分はついていると思い込むと、ツキが回ってくる。

歳を重ねることを
楽しめる人生を

私はいつも10年後、20年後、30年後の理想の自分をイメージして毎日を過ごしています。

たとえば70代の私は、貫禄のある上品なグレイヘアのマダムでありたい、とか。ド派手な服を着て、細くて白いズボンを穿き、やたら大きな帽子や大きなピアスを身につけて、高いヒールでカッカツ歩いたりして。周りに「あの人って、何者?」と囁かれるような「只者ではない人」になりたい……なんて、具体的な姿をイメージしてみるのです。

ゴルフのスコアはこれくらいで、週に何回ゴルフをして、と自分のなりたい姿を想像して、そのためにどうすればいいかを考えます。

私の思う素敵な方というのは、歳を重ねてもきれいな方です。

20代、30代はたいてい皆さんお肌もきれいで、体型もすらっとされていますが、年齢を重ねてもきれいな方や自分にちゃんと手をかけている方を見ると、「あんなふうになりたい!」と思うのです。

私はよく素敵な女医さんとお互いに情報交換したり、思いを共有し合ったりしてインスパイアし合っていますが、特に自分より歳上の方からは良い影響を受けることも多いです。

そういう方を見ていると、自分もまだまだステップアップしていきたいし、変わり続けていきたいと思うのです。

未来の自分をイメージするということは、自分に残された時間を意識することでもあります。私は今43歳ですが、夏をあと何回迎えられるだろうか、あと何回ビキニを楽しめるだろうかと考えるのです。

そう思うと、今すぐ腹筋したくてたまらなくなります！

歳を重ねたとき、ただ歳を重ねただけのお婆ちゃん（おっと、失礼！）となるのか、白髪でチャーミングな上品なマダムになるのか。きっとこの本を読んでくださっている方は、後者を選ばれることでしょう。

それなら、残された時間の短さに対峙して、今の自分が何をしたら、そして何を手放したら成長できるかをじっくり考えてみてほしいのです。

POINT

残された時間を意識しながら、歳を重ねることを楽しむ。

あとがき

以前読んだ本のなかに、こんな問いかけがありました。

「あなたは人生という階段の何段目にいて、五年後にどこまで到達しているだろうか」

『5年後の自分を計画しよう　達成する希望術』シェーン・J・ロペス著（文藝春秋）

この問いは、人生が0から10までの階段でできているとしたら、今の自分はどこまで到達していて、5年後の自分はどうなっていると思うかを聞く心理テストです。

以前参加したセミナーでは、この2つの質問に参加者の多くの方が3段目か4段目、なかには1段目や2段目と答える方もいて、びっくりしたのを覚えています。

私は、今の自分は7段目、5年後の自分は8段目だったからです。

そのときに思ったのは、実際の人生がどうであれ、世の中には自己肯定感の低い方がとても多いのだということでした。

今の自分に、階段の半分も満足していない。そして5年後の自分にも大して期待はしていない。そんな人が多いのですから……。

でも、それはとてももったいないことだと思うのです。

私は最近よく「今日が一番幸せ」と思うようになりました。

今日も元気にいっぱいタスクをこなせたし、やることをやれた。夜には主人と一緒に愛犬の散歩ができて、今日も幸せだったなと思い、眠りにつきます。

幸せって、きっとこんな当たり前の日常のなかにあるんじゃないかと思うのです。それがわかれば、本当に些細なことにも幸せを感じられるようになるし、日常の、ふとしたことにも感謝できるようになると思うのです。

幸せは自分で決めるものです。

今の自分に満足して幸せを感じるのか、それとも「まだまだ」と感じて、より高い目標を持って頑張るのか。そのどちらでもいいと思うけれど、一番大切なことは、自分の幸せってどんなことなのかを自分で考えること。他人と比べてどうかではなく、自分は何に幸せを感じるのかということです。

そして、それに向かって自分なりにいろいろやっているうち、いつの間にか「なりたい自分」になっていると思うのです。

では、最後に皆さんに質問です。

5年後の自分は、どうなっていたいと思いますか?

それを具体的に考えて、そのために今できることは何かと考え始めると、5年後の自分を悲観している場合ではないことに気づくと思います。

そして、ムダなことをしている時間はない、ということにも。

パートナーの悪口を言ったり、喧嘩をしたり、誰かを恨んでいる時間はないのです。

そんな時間は手放して、心の底からワクワクできることを始めてみませんか?

いまから5年後のあなたは、2つのことから影響を受けています。あなたの身近にいる方と読んだ本です。

「なりたい自分」をイメージして、それに向かって行動を始めてみましょう。

本書でも繰り返し述べていますが、私は誰もがその人にしかない素晴らしい部分や得意なものを持っていると信じています。

でも、それを使って自分の人生を前向きなものにするのは、あなた自身です。あなたが自分から行動を起こすかどうかにかかっているのです。
あなたが人生のいらないものを手放し、本当に「なりたい自分」を手に入れることを、心から願っています。

2024年1月

玉城有紀

RECOMMENDED BOOKS

玉城のオススメ本

1
『運転者』

喜多川泰［著］／ディスカヴァー・トゥエンティワン

何度も読み返したくなる本です。他人と比較しないこと、自分が笑顔でいれば運が舞い込んでくることを教えてくれます。とても優しく、読み終わったあと、両親への感謝でいっぱいになります。

2
『「本気で生きる」以外に人生を楽しくする方法があるなら教えてくれ』

武藤貴宏（我武者羅應援團團長）［著］／ディスカヴァー・トゥエンティワン

何かに熱中して熱く生きるということを思い出させてくれます。まさに「タイトル通りの本」です。

3

『DIE WITH ZERO　人生が豊かになりすぎる究極のルール』

ビル・パーキンス［著］　児島 修［翻訳］／ダイヤモンド社

人生を豊かにするルールが書いてありますが、いくらお金を貯めても死後の世界には持っていけません。だから死を意識して【ゼロで死ぬ!!】これを実践すべきだという本です。お金を貯めることを目標とするのではなく、一番大切な思い出をつくることにお金を使い、人生の折り返し地点を迎えたら貯めるのではなく使え!! 人生には賞味期限があるのだから、歳を重ねてからではもう遅い！ 1日でも若い日に行動すべきという本です。

4

『借金なし・コンサルなし・多店舗展開 女医の非常識なクリニック経営』

梅岡比俊［監修］　玉城有紀［著］／中外医学社

筆者の第1作目の著書。

「開業、他店舗展開の知恵、秘話を多岐に渡り隠すことなく書かれていていてとても感銘を受けました。」

「コロナ禍で人に会って中々、相談出来ない世の中ですが、筆者が直接語りかけて来るような臨場感に包まれて楽しく学ばさせてくれました。成功の連鎖が自分にも降りかかるようにと勇気づけられた一冊です！」など多くの口コミをいただきました。

前向きな人生を!!

講演依頼や
玉城有紀のクリニックで
ご勤務希望のドクターは
こちらまで。

https://lit.link/hihuka

[著者略歴]

玉城有紀（たまき・ゆき）

溝の口駅前皮膚科、自由が丘ファミリー皮ふ科、二子玉川ファミリー皮ふ科 総院長
帝京大学医学部卒業。日本医科大学武蔵小杉病院での研修を経て、東京女子医科大学皮膚科学教室入局。町田市民病院皮膚科勤務を経て、皮膚科専門医取得。2014年 溝の口駅前皮膚科開院、2019年 自由が丘ファミリー皮ふ科開院、2020年 二子玉川ファミリー皮ふ科開院。「めざましテレビ」「ホンマでっか!?TV」等、メディアに多数出演。

手《て》放《ばな》す習《しゅう》慣《かん》

2024年2月1日　初版発行

著　者　玉城有紀

発行者　小早川幸一郎

発　行　株式会社クロスメディア・パブリッシング
〒151-0051 東京都渋谷区千駄ヶ谷4-20-3 東栄神宮外苑ビル
https://www.cm-publishing.co.jp
◎本の内容に関するお問い合わせ先：TEL（03）5413-3140／FAX（03）5413-3141

発　売　株式会社インプレス
〒101-0051 東京都千代田区神田神保町一丁目105番地
◎乱丁本・落丁本などのお問い合わせ先：FAX（03）6837-5023
service@impress.co.jp
※古書店で購入されたものについてはお取り替えできません

印刷・製本　株式会社シナノ

　ISBN978-4-295-40930-4　C2034